なぜ？から
はじめる
かんたん和食

「分とく山」野﨑洋光

目次

じめに

難しいと思われている和食作り、本当はかんたんです。ここでの和食はプロが作るものではなく、家庭料理としての和食を指し、普段いただく日々の食事のことです。かんたんに和食を作るためには、ひとつ考え方を変えてください。当たり前と思われている作業やレシピにあるプロセスについて、「なぜ？」「どうしてこうするの？」と疑問を持ち、考えてみてほしいのです。

この本は常識とされる調理法を見直し、現代事情に合わせて正しい・美味しい・毎日作りたい家庭料理の和食レシピを紹介しています。しくみや理由、理屈を知れば〝なぜ〟が解明され、料理作りがとてもおもしろくなるはず。第2章と第3章では、調理科学に詳しい成瀬宇平先生と松本仲子先生に解説もいただきました。

家庭料理のよさは、できたて・作りたてがいただけるところにあります。本書のレシピはあくまで目安。ご自身や家族の好み、その日の気分・体調に合わせて、調味料を加減したり食材を変えてもＯＫ。家庭料理を作る人は、誰もが家族にとっての名シェフになれるのです。

「分とく山」　野﨑洋光

本書でお願いしたいこと

次の2点は上手に和食を作るためのポイントです。ほんの少しのひと手間ですが、味わいや仕上がりに大きく影響します。

魚には何はともあれ、まずひと塩

魚はまず最初に塩を全体にふってください。余分な水分が出て味が入り、旨みが凝縮されます。バットにあらかじめ塩をふっておけば魚をひっくり返さずにすみます。次のプロセスで湯通し（霜降り）すると余分な塩が落ちるので、あまり塩分を気にしなくてよいでしょう。

霜降り＝素材を湯通しして水洗い

魚や肉、野菜など調理する前の下ごしらえとして、熱湯に通して雑味や汚れ、あくをとることを〝霜降り〟と言います。私たちがお風呂に入ってさっぱりするのと同じです。左写真のようにざるに入れた状態で霜降りすると、食材をいっぺんに取り出せます。

＊魚を焼く料理や揚げ物など霜降りしない場合もあるので、レシピでご確認ください。

魚や肉…表面が白っぽくなったらすぐに取り出し、冷水をはったボウルにとる。ボウルのなかで血やうろこなどを洗うと、なおよい。

＊湯に通すと表面のゼラチン質が溶けますが、冷水で冷やすことで薄い膜ができ、旨みを閉じ込めます。

野菜…さっと数秒くぐらせる。青菜のように色みよくしたい野菜は冷水にとる。それ以外は水にとらない。

【レシピの決まりごと】

- 調理時間は目安です。お手持ちのコンロやIH器具などに応じて、加減・調整してください。
- 小さじ1＝5cc＝5mℓ、大さじ1＝15cc＝15mℓ、1合＝180cc＝180mℓです。
- 特に明記がないものは、砂糖は上白糖、塩は自然塩、酢は穀物酢、醤油は濃口醤油、味噌は長期熟成の田舎味噌、酒は日本酒、みりんは本みりんを使います。

はじめの手ほどき・壱

米を炊く

日本人にとってかけがえのない食材・米。美味しく炊くにはその性質を知ることが大事です。その理解を深めるために炊飯器に頼らず、火力で米を炊いてみましょう。

米は水と一緒に加熱し、水分を減らすことでごはんになります。かつては力を入れて米を研いだものですが、精米技術の向上により、今は〝洗う〟感覚で充分。米は乾物なので浸水させますが、長時間の浸水では米のでんぷん質が溶け出し、くずれやすくなります。浸水後の水きりは無洗米でも必要です。そして炊くこと強火で7分・中火で7分・弱火で7分・ごく弱火で5分、火を止めて蒸らしに5分。一気に内部の温度を上げて、徐々に下げる。語呂よく火力の調節を覚えてください。

合い言葉は7・7・7《スリーセブン》・5《ゴー》・5《ゴー》

◉材料・2合分

米……2合

水……360cc

◉作り方

1 米をざっと洗い、最初の水を捨ててぬか臭さを除く。さらに4〜5回水を替えて洗い、たっぷりの水（分量外）に15分浸す。

＊米の中心部まで浸水させるのに季節にかかわらず15分おく。浸水が不十分だと炊き上がりに芯が残る。

2 米をざるにあげて15分おき、余分な水分をとる。

＊表面についた水分が米粒全体に均一に行き渡る。

3 土鍋に米と水を入れ、蓋をして強火で7分加熱する。

4 沸騰したら、こげつき防止に蓋をあけて菜箸などで素早く鍋の中身をかき混ぜ、蓋を戻して中火で7分、さらに弱火で7分、ごく弱火にして5分炊く。

5 火を止めて5分蒸らしてから蓋をあけ、米粒をしゃもじでほぐして余分な水分を飛ばし、水でぬらして固く絞ったふきんをかけておく。

ポイント

米は温度を保った約20分の加熱でごはんになる

米は水（米と同量）を合わせ、まずは一気に強火で加熱。そこから徐々に火力を弱め、時間になったら火を止め、外に噴き出ていた蒸気を鍋の中全体に行き渡らせば（＝蒸らす）、ごはんはふっくら。さらにくっついた米粒をほぐすと米に味わいが生まれ、空気の層を作ることで、光沢のあるつややかなごはんになるのです。

塩むすびを作りましょう

おむすびは握ってはいけません

米粒と米粒をむすぶ握らない塩むすびは、口の中でほぐれていくのが醍醐味。

◉**作り方**・1つ分

1 お椀など器の内側を塩水（水100ccと塩小さじ1）にくぐらす。
＊手もぬらしておく。

2 1の水がついた状態の器に炊いたごはん80gを入れ、手で寄せるように、どら焼き状に形成。まん中は押さえないようにしつつ、側面を整える程度に軽くむすぶ。

3 ひっくり返し反対側も同様に形成。
＊米粒と米粒の間に空気が入るよう、ふんわりとゆるくむすぶ。

はじめの手ほどき・弐

だしをひく

だしは主役でなく引き立て役です

〝だし〟とは素材の旨みのこと。和食で最も使われるのは昆布（グルタミン酸）とかつお節（イノシン酸）の組み合わせです。その理由は、二者が混じり合うと相乗効果により旨みが増し、バランスもよいのであらゆる素材に合い、それぞれの持ち味を引き立てるから。素材が本来持っている味わいをだしが補い、料理になった時に100％の旨みとなります。ところが素材の味を引き立てる役割のだし自体が濃いと、素材の味が消えてしまいます。つまり、だしは主役を差し置いて目立ってはいけないのです。

　だしの旨み成分は短時間の適温で抽出されるので、紹介する方法なら手軽でかんたん。効率よくだしをひき、活用してください。

◉**材料**・作りやすい分量

湯……1ℓ

昆布……5g

削り節……10g

◉**作り方**

1 ポットの湯をボウルなど耐熱性のある器に入れ、昆布と削り節を加える。

＊湯を器に移すことで抽出の適温約80℃になる。また水1ℓを沸騰させた鍋に300ccの水を加えると約80℃になる。

2 1分おいて、旨み成分を抽出する。

3 ペーパータオルをしいたざるで漉《こ》す（以上、一番だし）。

＊だし殻を絞ると雑みが出てしまうので注意。

だしは三番まで無駄なく

一番だしをひいた後も旨み成分が残っています。どうぞ最後まで使いきってください。

二番だし▶一番だしをひいた後の昆布と削り節をボウルなどの器に入れ、500ccの湯（75～80℃／一番だしをひいた際の半分の湯量）を注いで5分抽出させる。一番だし同様、漉して利用。味噌汁や煮物などに。

三番だし▶二番だしをひいた昆布（千切りにしておく）と削り節を適量のぽん酢につけて抽出。ゆでた青菜を絡めればおひたしに。だし殻も処分せず有効活用を。

ポイント

旨みは75～80℃で抽出される

かつお節は、沸騰した高温状態では臭みや苦みが出ます。一方、低いと間の抜けた味になるので、適温・適切な時間で抽出しましょう。だしはその都度ひくのが望ましいのですが、冷ましてからガラスビンなど清潔な容器に入れて冷蔵すれば保存可能。2～3日をめどに使い切って。

一番だしをひいて作りましょう

お吸い物はだしを利かせないで

だしは引き立て役だからこそ、主役の具材の味わいを邪魔しないのです。

◉材料・2人分

A｜だし …… 300cc
　｜薄口醤油 …… 12cc
　｜酒 …… 5cc

なめこ、豆腐、みょうが、大葉 …… 適宜

◉作り方

1 豆腐、みょうが、大葉は好みの大きさ・切り方にする。
2 鍋にAを入れてひと煮立ちさせたら、なめこ、豆腐、みょうがを加え、さっと火を通す。
3 器に盛り、大葉を添える。

第1章

和食の基本と定番

調理法を見直せば

おなじみの和食を
どうしたら家庭で上手にできるのか。
〈煮る〉〈焼く〉〈蒸す・揚げる〉
〈和える・漬ける〉という
調理のやり方・常識とされる
手法を見直しながら、
ほんとうに美味しくできる
基本料理や
定番料理に挑戦です。

煮る

筑前煮

肉を油で炒めてから根菜を入れてだしや醤油で煮る、と思われている筑前煮。しかし火の通りがはやいのは肉と根菜のどちらでしょう？ 肉は火が通り過ぎるとパサついたり、固くなるので、根菜がおおかた煮えた頃に。また、根菜も煮え頃が同じタイミングになるように、切り方・大きさを工夫して。煮汁は水8：醤油1：みりん1：砂糖0・5が基本。短時間で煮るので、調味料の「さしすせそ」の順に入れる必要はありません。

材料・2人分

鶏もも肉……100g

A
- 里芋……1個
- にんじん・ごぼう・筍（水煮）……各¼本
- 蓮根……5㎝（50g）
- しいたけ……2枚
- こんにゃく……¼枚

絹さや……4枚

長ねぎ（青い部分）……½本

B
- 水……200cc
- 醤油・みりん……各25cc
- 砂糖……大さじ1.5

スタート地点をずらして仲良く全員ゴール

◉作り方

1 鶏肉と筍は一口大に切る。里芋とにんじんは皮をむいて大きめの乱切りに、ごぼうは斜め薄切りに、蓮根は皮をむいて7㎜厚さの輪切りにする。しいたけは軸を切り、絹さやは筋をとってさっとゆでる。こんにゃくは一口大にちぎる。

2 Aを1分ゆでて取り出す。続けて同じ鍋で鶏肉を霜降りし、表面が白っぽくなったら冷水にとり、水気をふく。

3 別の鍋にAとBを入れ、落とし蓋をして火にかけ、沸騰したら中火にし、長ねぎを加えて10分煮る。

*この時点で野菜は七分火が通っている。

*長ねぎの青い部分から甘みが加わる。

4 長ねぎを取り出して肉を加え、さらに5分煮る。

5 器に盛り、絹さやを添える。

応用

豚汁

ちょうどよい仕上がり目指して、豚汁でも一斉にゴールインを。

◉材料・2人分

豚ばらスライス肉……100g

A
- 大根……2㎝
- にんじん……¼本
- ごぼう……10㎝
- 里芋……1個
- こんにゃく……¼枚

長ねぎ……白い部分½本、青い部分1本

水……500cc

味噌……大さじ2

◉作り方

1 豚肉は3㎝幅、大根・にんじん・里芋・こんにゃくは1.5㎝角、ごぼうは5㎜幅、長ねぎ（白い部分）は1㎝幅の小口に切る。

2 Aを1分ゆでて、豚肉を霜降りし、Aと水を別の鍋に入れて火にかける。沸騰したら長ねぎの青い部分を加え、あくをとりながら中火で4〜5分煮る。

3 野菜に七分火が通ったら、半量の味噌を溶き入れ、豚肉を加えて煮る。

4 野菜がやわらかく煮えたら長ねぎを取り出し、残りの味噌を溶き入れる。さらに1の長ねぎを加え、ひと煮立ちさせて器に盛る。

*お好みで七味唐辛子を添えても。

煮る

鯖のあっさり煮

煮魚は煮てはいけません

　煮魚なのにじっくり煮ないなんてと不思議でしょうが、魚は長く煮ると身が固くなってしまいます。魚は火が通るのがはやいので、いちばん美味しい瞬間を逃さずに。それには下ごしらえとして、魚にひと塩。塩の浸透圧で余分な水分と生臭さの元になる物質が出て、下味もつきます。次は霜降り。熱湯をくぐらせ身が締まった状態なら、低い温度から火にかけられるので、均等に火が通ります。

◉**材料**・2人分

鯖の切り身……80g×2切れ
しいたけ……2枚
長ねぎ……1本
柚子の皮……¼枚
A〈煮汁〉
水……300cc
薄口醤油・酒……各20cc
（あっさり煮汁の割合＝15：1：1）

切り身魚の調理の基本

【選び方】

共通して、透明感と弾力があるものは鮮度がよい

白身魚（鯛など）…皮がつややかなものを。
赤身魚（鰤など）…血合いの色が鮮やかなものを。
青背魚（鯖など）…皮の青色がきれいなものを。

【保存】

買ってきたら冷蔵庫へ、または霜降りを。

そのまますぐに冷蔵庫へ入れる。ドリップがあったり、スポンジシートが汚れていたら、水洗いをしてからペーパータオルでふき、ラップをかけて冷蔵庫へ。または霜降り後に冷蔵保存すれば、さらに鮮度が保てる。

◉作り方

1 鯖の両面に軽く塩（分量外）をふり、30分おく。しいたけは軸を切り、長ねぎは5㎝長さに切る（隠し包丁を入れてもよい）。

＊バットにあらかじめ塩をしておけば、身をひっくり返さずにすむ。
＊鯖の皮に切り目を入れるなら、塩をする前に。

2 **1**の野菜を霜降りする。続けて鯖を霜降りし、表面が白っぽくなったら冷水にとり、水気をふく。

＊魚を熱湯にくぐらせることで、生臭みやあくがとれる。
＊魚の皮のゼラチン質が湯に溶けだすのを防ぐため冷水にとる。

3 別の鍋に皮目を上にした鯖、野菜、Aを入れて火にかけ、沸騰したら中火で1分煮る。

＊鍋は魚に煮汁がひたるくらいの大きさで、浅めのものがよい。

4 器に盛り、煮汁をかけ、千切りにした柚子の皮を添える。

＊残った煮汁はうどんやそばのつゆに活用できる。
＊切り身魚の盛りつけは基本、皮を向こう側に。鯖や金目鯛など皮が全体をおおう魚は皮目を表に。付け合わせは右から中央手前に。

応用

金目鯛のこってり煮

煮汁を煮詰めるのがこってり煮。
煮汁に酒を多く使えば短時間で煮詰まり、魚はふっくら。

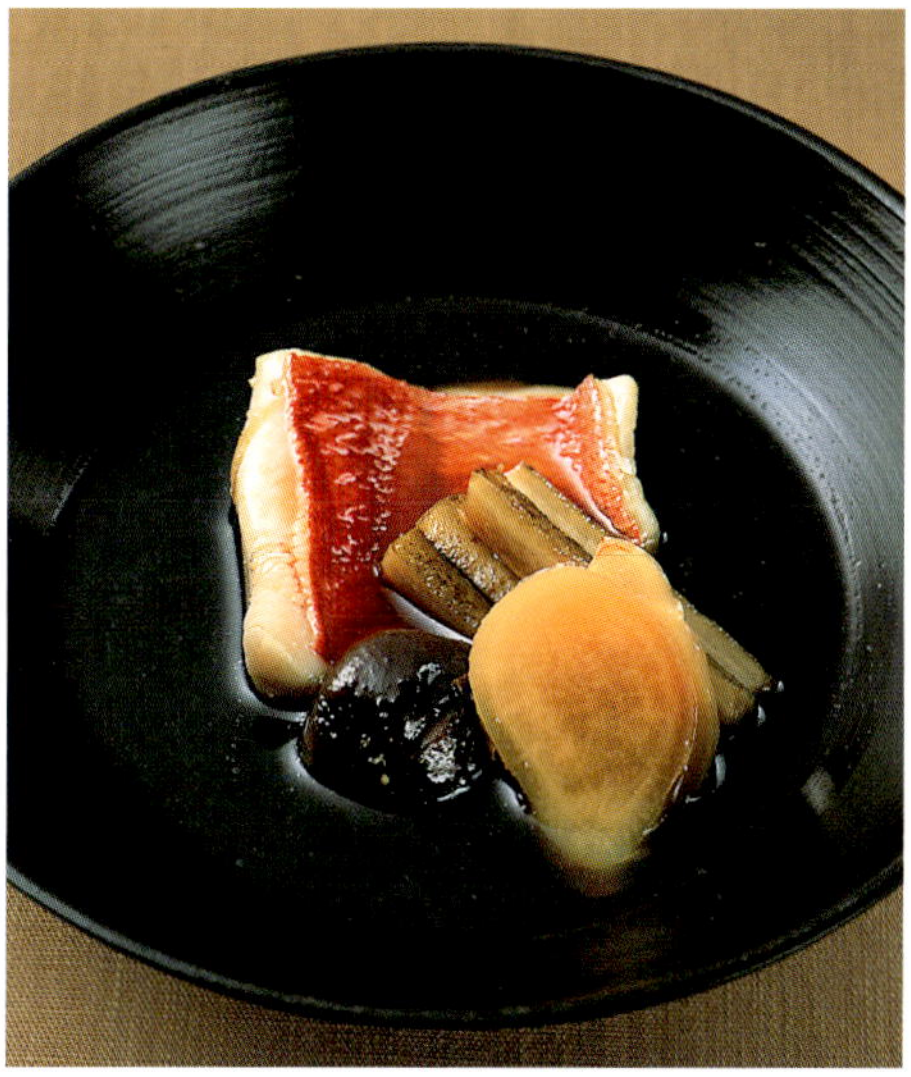

◉**材料**・2人分

金目鯛の切り身……80ｇ×2切れ
しいたけ……2枚
ごぼう……20㎝
しょうが（薄切り）……1かけ（30ｇ）
A〈煮汁〉
　水・酒……各150cc
　醤油・みりん……各50cc
　（こってり煮汁の割合＝3：3：1：1）
砂糖……大さじ1.5

◉**作り方**

1 金目鯛の両面に軽く塩（分量外）をふり、10分おく。しいたけは軸を切り、ごぼうは5㎝長さ、さらに縦半分に切り、包丁でたたく。
2 **1**の野菜を霜降りする。続けて金目鯛を霜降りし、表面が白っぽくなったら冷水にとり、水気をふく。
3 別の鍋に**1**、**2**、Aを入れて火にかけ、沸騰したら金目鯛を取り出す。
4 煮汁が半分になったら金目鯛を戻し、しょうがを加えて金目鯛が温まったら火を止める。
5 器に盛り、煮汁をかける。

煮る

切り干し大根煮

流通や保管法が未発達だった昔、保存のきく乾物は重宝されました。当時は一緒に煮る食材は限られ、少々味気ない箸休めでしたが、今は食事情が違います。肉や彩りのよい野菜をバランスよく合わせて、おかずとなる乾物煮を作りましょう。たっぷりの水で戻すのが鉄則の乾物、意外とほこりや砂などが付着しています。戻したあとに水を替えて何度もきれいにするより、霜降りを。乾物特有のにおいも同時にとれ、ぐっと美味しく。

◉材料・作りやすい分量

切り干し大根……50ｇ（戻して約200ｇ）
豚ばら肉……100ｇ
にんじん……50ｇ
サラダ油……大さじ1
絹さや（塩ゆでしたもの）……適宜
A〈煮汁〉
水……150cc
醤油・みりん……各30cc
砂糖……大さじ1
昆布……5㎝角1枚

乾物はたっぷりの水で戻してから霜降りを

◉作り方

1 切り干し大根をたっぷりの水（分量外）につけて戻す。豚肉は3cm幅に、にんじんは皮をむいて拍子切りする。

2 切り干し大根を1分、にんじんを10秒の順で霜降りする。続けて豚肉を霜降りし、表面が白っぽくなったら冷水にとり、水気をふく。

＊乾物は戻してから熱湯を通すと、余分な雑味や汚れがとれる。

3 別の鍋に油をひき強火にかけ、切り干し大根を入れて炒め、油がなじんだらAを加えて中火で1分半煮る。

4 煮汁が半分くらいまで煮詰まったら、にんじんと豚肉を加え、火が通るまで2〜3分煮る。

＊最初から野菜や肉を入れると火が通り過ぎてしまう。

5 器に盛り、絹さやを添える。

応用

ひじき煮

ひじきも乾物の代表格。煮物にするなら、ぜひ芽ひじき（ひじきの芽の部分）で。

◉材料・作りやすい分量

芽ひじき …… 20g（戻して約200g）
ベーコン …… 100g
パプリカ（緑・赤・黄合わせて）…… 50g
サラダ油 …… 大さじ1
A 〈煮汁〉
水 …… 150cc
醤油・みりん …… 各30cc
砂糖 …… 大さじ1
昆布 …… 5cm角1枚

◉作り方

1 芽ひじきをたっぷりの水（分量外）につけて戻す。ベーコンは3cm幅に、パプリカは1cm幅に切る。

2 芽ひじきを1分半、続けてパプリカを10秒、ベーコンをさっと霜降りし、水気をきる。

3 別の鍋に油をひき強火にかけ、芽ひじきを入れて炒め、油がなじんだらAを加えて中火で1分半煮る。

4 煮汁が半分くらいまで煮詰まったら、パプリカとベーコンを加え、2〜3分煮る。

煮る

鯖の味噌煮

煮過ぎると味噌と魚の風味が台無しに

味噌煮はもともとは鮮度の落ちた魚の臭みを消すために、濃く甘く味付けて煮込んだ調理法でした。鮮度のよい魚が店頭で手に入る現代は、今ふうの調理を。煮過ぎると味噌の香りが飛び、魚も身が固くなります。普通の味噌でもよいですが、長期熟成させた味噌は旨みが凝縮し、香りも高くおすすめ。辛口の八丁味噌や麹のたっぷり入った白味噌では甘みや塩分の強さからレシピの配合と異なるので、お好みで調整を。

●材料・2人分

鯖の切り身……80g×2切れ
しいたけ……2枚
ごぼう……10㎝長さ
いんげん……2本
しょうが(薄切り)……10g

A 〈煮汁〉
味噌……45g
砂糖……大さじ2
酢……大さじ1
水・酒……各100cc

B 〈水溶き片栗粉〉
片栗粉……大さじ½
水……大さじ1

◉作り方

1 鯖の皮目に十字の飾り包丁を入れて軽く塩（分量外）をふり、20分おく。しいたけは軸を切り、ごぼうは半分に切って薄切りに、いんげんは半分〜1/3に切る。

2 1の野菜を霜降りする。続けて鯖を霜降りし、表面が白っぽくなったら冷水にとり、水気をふく。
*いんげんはこの段階で火を通しておく。

3 別の鍋に鯖、しいたけ、ごぼう、しょうが、Aを入れて火にかけ、沸騰したら弱火で5分煮る。
*Aの煮汁は鍋に入れる前に味噌が溶けるまで、よく混ぜ合わせておく。酢を入れると味わいにバランスがとれ、まろやかに。

4 鯖を取り出し、よく溶いたBを入れ、とろみがついたら鯖を鍋に戻し、ひと煮たちして味を絡めてから火を止める。

5 煮汁とともに器に盛り、いんげんを添える。

応用

大根と豚ばらの味噌煮

豚ばら肉はこくがあるので、片栗粉のとろみはつけないで。

◉材料・2人分
大根……6cm長さ
豚ばら肉（かたまり）……150g
A | 味噌……50g
| 砂糖……大さじ4
| 酢……大さじ2
| 水・酒……各200cc
長ねぎ（青い部分）……適宜

◉作り方
1 大根は皮をむいて2cm厚さの半月切りにし、下ゆでする。
*水に入れてから火にかけ、竹串が通るくらいまでゆでる。鍋の湯はとっておく。
2 豚肉は1cm厚さに切り、沸騰させた1の鍋で霜降りし、表面が白っぽくなったら冷水にとり、水気をふく。
3 別の鍋に大根、豚肉、Aを入れて火にかけ、沸騰したら弱火で10分煮る。
4 煮汁とともに器に盛り、小口切りにした長ねぎを添える。
*大根を2〜3mm厚さにすれば肉と一緒に煮上がり、下ゆでは不要。

煮る

いわしの酢煮

煮くずれしやすい魚は酢の力と火加減が肝

和食の5大調味料のひとつ、酢の役割は味つけだけではありません。塩味の濃い料理に加えればマイルドになり、保存性を高める殺菌作用や変色を防ぐ働きもあります。そして、たんぱく質を固める力があるので、煮汁に加えれば、煮魚の身くずれをストップさせます。もちろん食欲をそそる香りもつき、何より味わいが豊かになります。いわしは皮がはじけやすいので、80℃の湯で霜降りを。身くずれを防ぐには、酢の力もさることながら、強火は禁物です。

●**材料**・2人分

いわし …… 4尾

A 〈煮汁〉

酢・醤油・みりん …… 各80cc

砂糖 …… 大さじ2

水 …… 240cc

グリーンアスパラガス …… 2本

長ねぎ …… 10㎝

しいたけ …… 2枚

トマト …… ½個

しょうが(薄切り) …… 1かけ

◉作り方

1 アスパラガスは軸の部分を切り落として食べやすい長さに、長ねぎと皮をむいたトマトは半分に、しいたけは軸をそれぞれ切る。いわしは頭・わたを取って開く。

2 1の野菜を霜降りする。湯が80℃に下がったらいわしを霜降りし、身が白っぽくなったら氷水にとり、水気をふく。

＊いわしは熱湯で霜降りすると皮がむけたり、身がくずれるため80℃で。さらに皮の下の脂が溶け出さないよう、氷水で締める。

3 別の鍋にいわし、野菜、Aを入れて火にかけ、沸騰したら中火で7分弱煮る。

4 いわしを取り出し、しょうがを加えて煮汁が半分になるまで煮詰める。

＊しょうがは加熱し過ぎると、苦味が出て香りも飛ぶので、途中で入れる。

5 いわしを4の鍋に戻し、ひと煮立ちさせて器に盛る。

応用

鶏の酢煮

酢をだしにした、さっぱりとした味わい。大根おろしが全体をまろやかに。

◉材料・2人分

鶏むね肉……200g
大葉（千切り）……適宜
A〈煮汁〉
酢・醤油・みりん……各40cc
砂糖……大さじ1
水……100cc
大根おろし……80g

◉作り方

1 鶏肉を霜降りし、表面が白っぽくなったら冷水にとり、水気をふいてひと口大に切る。
2 別の鍋に鶏肉、Aを入れて火にかけ、沸騰したら弱火で3分煮る。
3 器に盛り、大葉をのせる。

煮る

筍と鯛の煮物

春の代名詞、筍はあく抜きの下処理が欠かせません。米ぬかで下ゆでする方法は手間と感じるなら、大根のおろし汁につけておくだけの野﨑流を。かんたんで、何より筍本来の味わいもしっかり残ります。

◉材料・2人分

筍……正味100g
鯛……30g×3切れ
絹さや（塩ゆでしたもの）・木の芽……適宜
A〈あく抜き用のつけ汁〉
大根のおろし汁・水・塩……適宜
B〈煮汁〉
水……600cc
薄口醤油・酒……各30cc
昆布……5㎝角1枚

筍のあく抜きは大根のおろし汁につけて

◉作り方

1 筍は皮をむいて縦に4～6等分し、A（大根のおろし汁と同量の水に1％の塩）に1～2時間つけてあくを抜く。鯛は両面に軽く塩（分量外）をふり、30分おく。

2 鯛を霜降りし、表面が白っぽくなったら冷水にとり、水気をふく。

3 あく抜きした1の筍を水にさらしてから別の鍋に入れ、水（分量外）を加えて火にかけ、沸騰したら1～2分下ゆでする。
＊ここでの下ゆでは臭みをとるため。

4 別の鍋に鯛、筍、Bを入れて火にかけ、あくをとりつつ、沸騰したら鯛を取り出し、弱火で15分煮る。

5 鯛を戻し、鯛が温まるまで火を通し、絹さや、木の芽とともに盛り、煮汁をかける。
＊濃いめの煮汁は、残り汁をうどんつゆに活用できる。雑炊にしても美味。

煮る

鮭じゃが

肉じゃがならぬ、鮭じゃが。油で具材を炒めてから煮汁で煮ていく従来の方法では、素材ひとつひとつの味わいが際立ちません。そこで、煮汁のみりんを多めにすると、アルコール分が蒸発して煮汁がはやく煮詰まります。

◉**材料**・2人分

生鮭…… 150g
じゃがいも…… 1個
玉ねぎ…… ½個
ほうれん草（ゆでたもの）…… 適宜
A〈煮汁〉
水……300cc
醤油・みりん……各50cc
昆布……5㎝角1枚

煮汁のみりんを多くしてはやく煮詰める

◉**作り方**

1 鮭は一口大（約25g）に切り、両面に塩（分量外）をふり、15～20分おく。じゃがいもは¼、玉ねぎはくし切りにする。

2 **1**の野菜を20秒霜降りする。続けて鮭を霜降りし、表面が白っぽくなったら冷水にとり、水気をふく。

3 別の鍋に鮭、**2**の野菜、Aを入れて火にかけ、沸騰したら鮭を取り出し、落とし蓋をして中火で10分煮る。
＊少ない煮汁でも全体に行き渡るよう、落とし蓋を忘れずに。

4 野菜に火が通ったら鮭を戻し、2分煮る。

5 ゆでたほうれん草とともに器に盛る。

焼く

鶏のパリパリ焼き

肉を入れるのはフライパンを熱する前

肉を焼くのに、薄切りも厚切りもフライパンを熱してから入れると思い込んでいませんか？ 厚みのある肉の場合、表面だけ焼けて芯までなかなか火が通りませんが、低い温度から入れると、やわらかくジューシーに。鶏もも肉なら皮目を下にすれば、皮1枚を通して加熱することとなり、身が反ることなく、肉にじんわり火が入ります。そして皮目が平らになって焼き色も均等につき、皮の余分な脂肪が落ち、いいことづくめです。

◉材料・2人分

鶏もも肉 …… 1枚
塩・こしょう …… 適宜
サラダ油 …… 大さじ1
レモン …… 適宜

◉作り方

1 鶏肉の両面に塩・こしょうをふる。

2 フライパンに油をひき、皮目を下に鶏肉を入れて火にかけ、アルミホイルで覆って揺すりながら中火で7分焼く。

＊テフロン加工のフライパンなら油は不要。

3 途中、出てきた脂と汚れをペーパータオルでふきとる。

＊皮をパリッと仕上げるためにも、余分な脂をきっちりとり除いて。

4 鶏肉に厚みの半分ほど火が通って白く変わり、皮がパリパリに焼き上がったら裏返す。再びアルミホイルで覆って脂をとりながら、さらに5分焼く。

5 食べやすい大きさに切って器に盛り、くし形に切ったレモンを添える。

応用

豚のしょうが焼き

しょうがの香りと肉の旨みを生かすなら、肉が焼けてからたれに絡める手順で。

◉**材料**・2人分

豚ロース肉（厚切り）…… 100g×2枚
塩 …… 適宜
サラダ油…大さじ1
A｜しょうゆ・酒・みりん …… 各大さじ2
キャベツ …… ¼個
しょうがおろし …… 適宜

◉**作り方**

1 豚肉の両面に塩をふり、15分おいたら水洗いして表面の塩を落とし、水気をふく。

＊しょうが焼きはたれの塩分を考慮し、塩気をとっておく。

2 フライパンに油をひき、豚肉を入れて火にかけ、中火で5分焼く。

3 豚肉の厚みの半分ほどが白く変わったら裏返し、Aを加えて強火にし、沸騰したら豚肉を取り出し、2分煮る。

4 しょうがおろしを入れ、豚肉を戻し、たれに絡めて火を止める。

5 器に盛り、千切りにしたキャベツを添える。

焼く

卵焼き2種

料理屋では常に一定の味の料理を提供するために、だしが必要です。しかし、家庭料理には不可欠という決まりはありません。だしのかわりに水を入れれば卵本来の味わいが引き立ち、仕上がりふんわり。加える具材は卵が焼き上がる間に火が通るよう、野菜なら細かく刻み、肉や魚介なら予め火を通して。調理前に卵を常温に戻し、下準備を整えたら、あとは強火でリズミカルに焼くだけです。

◉材料・2人分　*ともに作り方は同じプロセスです。

〈甘い味付け〉
卵……3個
水……50cc
A　砂糖……大さじ1
　　醤油……小さじ1
みつば……¼束
サラダ油……適宜

〈甘くない味付け〉
卵……3個
水……50cc
A　薄口醤油……大さじ½
　　こしょう……適宜
わけぎ……1本
サラダ油……適宜

だしを入れずに
水を入れて、だしなし卵

◉作り方

1 ボウルに卵を割り入れて菜箸で軽く溶きほぐし、水を少し加えてさらに溶きほぐす。白身の固まりが少し残るくらいになったら、残りの水、A、火の通りやすい大きさに切った具材を加えて混ぜる。

2 強火で熱した卵焼き器に油をひいてペーパータオルでなじませ、卵焼き器の底をきつく絞ったぬれぶきんに当てて温度を下げる。

*いったん温度を下げることによって焼きムラを防ぐ。

3 卵焼き器を再び火にかけ、1の卵液を玉じゃくしに軽く1杯分流し入れる。気泡ができたら菜箸でつぶし、半熟状になったら奥から手前に卵を巻く。空いた部分にペーパータオルで薄く油をひき、焼いた卵を奥へずらし、手前にも薄く油をひく。

*卵焼き器ごと下から上へ放り投げるように、大胆に巻く（写真左参照）。

「卵を菜箸で巻くのではなく、卵焼き器を下45度から上45度に持ち上げるイメージで、弧を描くように動かすのがコツです」（野﨑さん）

4 3の要領で、卵液を3回ほど分けて流し、つど油をひき、卵を巻きながら強火で焼いてゆく。最後は卵液の量を少なめにし、弱火で焼くと表面がきれいに仕上がる。

*卵液を入れる際、巻いた卵を菜箸で持ち上げて下にも流し入れると、一体感が出て巻きやすくなる。

5 焼き上がったら取り出して、熱いうちに巻きすで形を整える。しばらく落ち着かせてから、食べやすい大きさに切って器に盛る。

応用

ゆでる卵料理3種

ゆでる時間と温度の加減で、その味わいがまったく異なるのも卵の魅力。

【料亭卵】（左奥）

白身が固まって黄身が半熟になる、いわゆる半熟卵。沸騰した湯に入れて、5～6分加熱。その後、冷水にとって殻をむく。

*味付けにストローで醤油を数滴たらしても。

【温泉卵】（手前）

白身は70℃、黄身は65℃で固まりはじめる性質を応用。卵は水から入れ、火にかけて65℃の湯になったら、温度を保ち20分。その後、冷水にとってから、割れば白身はトロトロに。

*料理用温度計で温度設定は正確に。

【落とし卵】（右奥）

別名、ポーチドエッグ。沸騰した湯に5%の酢を入れ、卵をそっと割り入れて3～4分したら引き上げる。

*酢を入れるのは、白身が湯のなかで散るのを防ぐため。

焼く

鰤の照焼き

フライパンで鰤の両面を焼き、たれを入れて絡ませるシンプルでかんたんな調理です。たれの材料は酒・みりん・醤油の身近な調味料3つだけ（配合は6：6：1）。味を絡めるには、たれを強火で煮詰めること。アルコール分が蒸発する際に魚や肉の臭みも一緒に飛び、はやく煮詰まれば加熱時間も短く、身も火が入り過ぎないので、ふっくら。鯖や金目鯛で作ってもよいでしょう。

たれを入れたら強火で汁気を煮詰めて

●**材料**・2人分

鰤の切り身……2切れ
ししとう……4本
A 〈たれ〉
　酒・みりん……各90cc
　醤油……大さじ1
薄力粉……適宜
サラダ油……大さじ1

◉作り方

1 鰤の両面に軽く塩（分量外）をふり、20分おいたら水洗いして水気をふく。
＊水洗いで余分な塩分と水分、汚れなどがとれる。

2 鰤に薄力粉をまぶし、刷毛で余分な粉を落とす。
＊魚に薄力粉の膜を作ると、焦げにくくなる。

3 フライパンに油をひき、鰤を入れて火にかけ、くっつかないようゆすりながら強火で焼く。
＊冷たいフライパンから焼くと、魚に火が入り過ぎず、かつ均等に焼き上がる。

4 両面に焼き色がついたら、余分な脂をペーパータオルでふきとってAを加え、少し火を弱める。煮立ったら鰤を取り出して強火に戻し、フライパンに火を入れてアルコール分を飛ばす。
＊最初にしっかり強火で焼き色をつけることで、仕上がりが美しくなる。余分な脂を取れば、たれと絡みやすくなる。

5 強火のまま煮詰め、たれが半分くらいになったら鰤を戻し、ししとうを加える。たれと絡めながら照りよく煮上げる。
＊煮立ったたれの泡が大きくなり、たれが糸を引くようになってきたら、仕上がり直前のサイン。

6 器に盛り、たれをかける。

応用

鶏の照焼き

たれの配合は魚と同様に、酒6：みりん6：醤油1で美味しいひと皿。

◉材料・2人分

鶏むね肉……1枚
しいたけ……2枚
ヤングコーン（水煮）……2本
ほうれん草（ゆでたもの）……2株
A〈たれ〉
　酒・みりん……各大さじ4
　醤油……小さじ2
薄力粉……適宜
サラダ油……大さじ1

◉作り方

1 鶏肉は一口大に切り、薄力粉をまぶし、刷《は》毛《け》で余分な粉を落とす。しいたけは軸を切る。

2 フライパンに油をひき、皮目を下にした鶏肉を入れて火にかけ、くっつかないようゆすりながら強火で焼く。

3 皮目に焼き色がついたら、余分な脂をペーパータオルなどでふきとり、両面焼いてからAを加え、少し火を弱める。煮立ったら鶏肉を取り出して強火に戻し、フライパンに火を入れてアルコール分を飛ばす。

4 強火のまま煮詰め、たれが半分くらいになったら鶏肉を戻し、しいたけとヤングコーンを加える。たれと絡めながら照りよく煮上げる。

5 器に盛り、ほうれん草を添え、たれをかける。

焼く

かつおのたたき

かつおは冷やさず
熱いうちに酢でたたく

かつおを焼いてすぐ氷水にとる方法。これは本来、多種多様の仕込みが必要な料理屋では、足のはやいかつおを準備するのに、冷やさざるを得なかったから。それがそのまま家庭料理に持ち込まれたのです。かつおを火で炙るのは、皮の下の脂を溶かして甘さを出すため。皮が焦げるくらい焼けば、かつお特有の香ばしさもプラス。でも氷水につけると脂が固まり、口当たりが悪くなります。ご家庭では、美味しい焼き立てのかつおを味わってください。

◉**材料**・2人分

かつお …… 1柵(20cm長さくらい)
塩 …… 適宜
酢 …… 適宜
A 〈たれ〉
 醤油 …… 大さじ3
 酢 …… 大さじ2
 オレンジの絞り汁 …… 大さじ1
 ごま油 …… 大さじ½
合わせ薬味(下記参照) …… 適宜

刺身や焼肉、冷や奴にかけても

合わせ薬味

◉**材料**・作りやすい分量

わけぎ …… 2本
しょうが …… 1かけ
みょうが …… 2個
大葉 …… 10枚
貝われ菜 …… ½パック

◉**作り方**

1 わけぎは小口切り、しょうがはみじん切り、みょうがは縦半分に切って小口切り、大葉は千切り、貝われ菜は2.5cm長さに切る。
2 冷水に1をすべて入れて、5分さらす。
＊あくが抜け、シャキッと鮮度がアップすることで日持ちもよくなる。
3 しっかり水きりする。
＊保存する場合は、ペーパータオルを敷いた蓋付きの容器に。冷蔵保存3日が目安。

◉作り方

1 Aをすべて混ぜ合わせる。

＊オレンジのかわりにみかんやすだち、かぼすでもよい。酸味の強いレモンはあまり適さない。ごま油のかわりにラー油もおすすめ。

2 かつお全体に塩をふる。皮目は少し多めにする。

＊たたきの場合、塩は焼く直前に。

3 焼き網を強火で熱し、皮目を下にかつおをのせて一気に焼く。皮に焦げ目がつくほど焼き、他の面は少し白くなる程度でよい。

＊全体に火がまわるよう強火で焼けば、身を返さなくてよい。

4 かつおをまな板にとり、7〜8㎜間隔で深く切れ目を入れながら、1・5㎝厚さに切る。

＊かつおは大きく切るほうが美味しい。そのぶん、たれと絡みやすくなるよう切れ目を入れる。

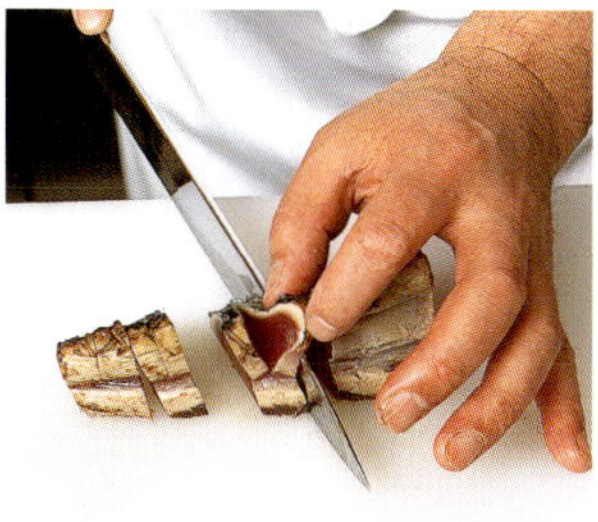

5 かつおの切り身を斜めにずらし、酢を全体にかけて、手のひらでたたいてなじませる。

＊〝たたき〟は、炙ったかつおに酢をかけて手でたたくことに由来。たたくと表面のたんぱく質に膜ができ、水っぽくならない。酢でなじませれば、たれと絡みやすくなり、さらに生臭みを押さえる効果も。

6 器に盛り、合わせ薬味を添え、たれをかける。

応用 牛のたたき

かつおのかわりに牛肉で一品。ランプ（もも）などがおすすめ。

◉材料・2人分

生食用牛肉……1㎝厚さ100ｇ×2切れ
塩・こしょう……適宜
酢……適宜
たれ……P30と同分量
合わせ薬味（右ページ参照）……適宜
大葉……4枚

◉作り方

1 牛肉の両面に塩・こしょうをふる。
2 強火でよく熱した焼き網にのせ、上下を返しながら、両面に焼き目がつくまで焼く。
3 食べやすい大きさに切り、上記作り方**5**の要領で酢でたたく。
4 器に盛り、大葉と合わせ薬味を添え、たれをかける。

焼く

アスパラガスの豚肉巻き

アスパラガスを肉と組み合わせた食べ応えのある一品です。味付けは甘辛たれとごま塩の2種。野﨑流甘辛たれは、酒6：みりん6：醤油1が黄金比率（P28の照焼きのたれと同じ）。ごま塩の風味と食べ比べてみてください。

◉材料・2人分

グリーンアスパラガス……6本
豚ロース肉（スライス）……8枚
薄力粉……適宜
サラダ油……小さじ2
A〈たれ〉
酒・みりん……各60cc
醤油……10cc
ごま塩……大さじ1

B〈黄身おろし〉
卵の黄身……½個
大根おろし（水気をきったもの）……30g

甘辛たれは
酒6：みりん6：醤油1

◉作り方

1 AとBはそれぞれあらかじめよく混ぜ合わせておく。アスパラガスは根元部分の皮をピーラーでむき、爪が立つ固さを目安に根元をカットする。

2 アスパラガスを30秒ゆでたら横半分にして薄力粉を打ち、3本をまとめて豚肉をひと束につき2枚巻く。半分は全体に薄力粉を打ち、残りはごま塩をまぶす。

＊薄力粉はアスパラガスと肉の分離を防ぐほか、たれとの絡みをよくする働きも。巻き終わりにつまようじを刺してもよい。

3 フライパンに油をひき、ごま塩をまぶした分を入れてから火にかけて強火で焼く。余分な脂はペーパータオルでふきとる。焼き上がったら取り出し、残りを同様に焼く。焼き色がついたらAを加え、煮詰めるように焼き上げる。

＊肉巻きは巻き終わりを下にして焼くとよい。

4 それぞれ食べやすい大きさに切って器に盛り、Bを添える。

焼く

むつの照焼き

比較的煮汁の浸透がよいむつは、みりん5：酒3：醤油1の煮汁で作ります。むつの風味とよく合うよう、やや甘みをきかせました。また、肉や魚をメインにした主菜に緑を添えると、ぐっと引き立って見た目の美味しさも倍増します。むつが主役ですが、それを引き立てるのが小松菜。シンプルにゆでたものを添えます。

◉材料・2人分

むつ……200g
小松菜……2株
しいたけ……2枚
薄力粉……適宜
A〈煮汁〉
　みりん……100cc
　酒……60cc
　醤油……20cc
サラダ油……大さじ2

むつの煮汁はみりん5：酒3：醤油1

◉作り方

1 むつの両面に塩（分量外）をふり、15分おいたら水洗いして水気をふく。しいたけは軸を切る。

2 80℃の湯に小松菜を入れてごく弱火で2分ゆでる。火が通ったら冷水にさらし、ざるにあげる。

＊1ℓの沸騰した湯に水を300cc入れると約80℃になる。

3 むつに薄力粉をまぶし、刷毛で余分な粉を落とす。

4 フライパンに油をひき、むつを皮目を下に入れて火にかけ、中火で焼く。皮に焼き目がついたら返して、余分な脂をペーパータオルでふき、Aとしいたけを加えて強火にし、フライパンに火を入れてアルコール分を飛ばし、むつを取り出す。

5 煮汁が煮詰まり泡立ってきたら、むつを戻して煮絡める。火を止めて器に盛り、5㎝長さに切った小松菜を添える。

蒸す揚げる

蒸し鶏

〝蒸す〟調理法は、素材のうまみや栄養など水溶性の成分が煮る・ゆでるほど溶け出さないため、味を逃がしません。蒸気によってしっとり仕上がる蒸し料理、大根おろしをのせて蒸せば蒸気が肉に直接当たらず、大根の水分もプラスオン。加熱により鶏肉と大根おろしから美味しい蒸し汁が出てくるので、受け皿に残った汁は、ぜひ他の料理のだし汁として活用を。蒸し上がったら、手作りぽん酢をかけて大根おろしごとどうぞ。

◉**材料**・2人分

鶏もも肉……1枚
塩……小さじ1弱
大根おろし（水気をきったもの）……¼本分
長ねぎ……½本
こしょう……少々
A〈ぽん酢〉
　醤油……60cc
　酢……40cc
　オレンジジュース……20cc
　ごま油……10cc

大根おろしをのせて蒸せばよりジューシーに

◉作り方

1 鶏肉の両面に塩をふり、10分おく。

2 鶏肉を霜降りし、身が白っぽくなったら冷水にとり、水気をふく。

3 皮目を上にした鶏肉をバットにのせ、大根おろし・粗みじん切りにした長ねぎ・こしょうを混ぜて、鶏肉の全面にのせる。蒸気の上がった蒸し器にバットごと入れ、20分蒸す。

4 Aの材料を混ぜ合わせ、ぽん酢を作る。

＊ぽん酢の割合は醤油3：酢2：果汁1：油0・5。果汁はみかん、オレンジが適しているが、果汁100％ジュースで代用可。

5 蒸し上がったら、食べやすい大きさに切って器に盛り、4のぽん酢を添える。

応用

茶碗蒸し

最初は強火で、表面が固まったら火を弱めて80℃をキープすれば失敗なし。

◉材料・2人分

卵……1個
だし汁……150cc
薄口醤油……小さじ1
鶏肉……50g
鮭……20g
海老……2尾
ぎんなん……4粒
みつば……少々

◉作り方

1 一口大に切った鶏肉・鮭と殻をむいて背わたをとった海老は霜降りし、冷水にとり、水気をふく。ぎんなんは薄皮をむき、ゆでておく。

2 ボウルに卵を割りほぐし、だし汁、薄口醤油を加えてよく混ぜ合わせたら、漉してなめらかにする。

3 器に1の具を入れて2を注ぎ、4cm長さに切ったみつばを添える。

4 蒸気の上がった蒸し器に入れて強火で3〜5分、弱火にして10分蒸す。

＊鶏肉はもも・むね・ささみ等お好みで。
＊卵本来のなめらかな口当たりを味わえる、あえて具材を入れないシンプルな茶碗蒸しもおすすめ。

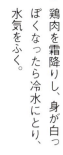

蒸す
揚げる

かき揚げ

素材の水分が蒸発してサクッという軽やかな食感に変わり、油の風味が加わるのが揚げ物の美味しさ。でも、いざ作るとなると、敬遠したり、苦手意識を持つ方も多いよう。特にかき揚げはうまくまとまらないという声も。ならば、かき揚げの大きさに合わせた小さな鍋を使いましょう。油も大鍋よりぐんと少量で済みますし、形も整いやすく、かんたんにできます。天ぷらは必ずしも天ぷら鍋で揚げなくてはいけない決まりはないのですから。

◉材料・2人分

海老……4尾
にんじん……30g
長ねぎ……½本
春菊……1本分
A〈衣〉
　冷水……100cc
　薄力粉……60g
　塩……少々
　卵の黄身……1個
揚げ油……適宜
大根おろし・しょうがおろし・醤油……適宜

鍋の形に合わせて揚げれば、失敗なし

◉作り方

1 殻をむいた海老は背わたをとり、3等分に切る。にんじんは皮をむいて短冊切り、長ねぎは斜め薄切り、春菊は葉をむしる。

＊茎は使用しないので別の料理で利用を。

2 ボウルに入れた**1**に薄力粉大さじ1（分量外）をふり入れて全体にまぶす。

＊素材に薄力粉をまぶすことで、衣が絡みやすくなる。

3 別のボウルにAを入れて泡立て器で均一に混ぜ合わせ、**2**に全体の8割ほど加え、まんべんなく混ぜる。

4 直径15～18㎝くらいの小さめの鍋に油を深さ3㎝ほど入れて、170℃に熱する。

＊衣を1、2滴落とし、油の深さの半分まで沈んでからすぐ浮き上がるのが目安。

5 衣を軽くきった**3**の半量を**4**に入れ、菜箸で静かに大きく混ぜる。やや固まった感じになったら、衣を上から回しかける。さらに表面が固まったら、裏へ返す。揚がったら、鍋から引き上げ、網をのせたバットにのせて油をきる。残りも同様に揚げる。

＊衣が淡いきつね色になってたが浮き、まわりの泡が小さくなったら引き上げのタイミング。

6 器に盛り、大根おろし、しょうがおろし、醤油を添える。

＊家庭で味わう天ぷらは、天つゆよりごはんに合う醤油がおすすめ。

応用

野菜の天ぷら

野菜の性質をふまえて下ごしらえにひと工夫。

◉**材料**・2人分

さつまいも……60g
ししとう……2本
しいたけ……2枚
茄子……½本
衣……P36と同分量
揚げ油……適宜
大根おろし・しょうがおろし・醤油……適宜

◉**作り方**

1 さつまいもは皮つきのままよく洗い、8㎜厚さに切る。ししとうは破裂しないよう楊子で穴を数ヵ所空ける。しいたけは軸を切る。茄子は縦半分に切って、火が通りやすいよう皮目に数本の切れ目を入れる。

2 上記作り方**3**の要領で衣を作り、揚げ油は170℃に加熱する。

3 **1**の野菜に薄力粉（分量外）をまぶし、**2**の衣にくぐらせてから油で揚げ、淡いきつね色になったら裏返す。頃合いをみて網をのせたバットに引き上げ、油をきる。以上の要領で残りも揚げる。

4 器に盛り、大根おろし、しょうがおろし、醤油を添える。

蒸す 揚げる

あさりの酒蒸し

日本で親しまれている食用貝の代表格、あさり。せっかくのやわらかい身が、固くなっては台無しです。余熱が進むので、火が通ったかな？と感じるくらいで大丈夫。また旨みが溶け出す汁も、残さず召し上がれ。

◉材料・2人分

あさり（砂抜きしたもの）…… 300g
菜の花（上部のみ使用）…… 10本
うど…… 10cm
長ねぎ…… 1本
酒……大さじ2
A 〈ぽん酢〉
醤油…… 大さじ3
酢…… 大さじ2
オレンジの絞り汁…… 大さじ1
ごま油…… 小さじ1

余熱を利用してふっくら仕上げて

◉作り方

1 塩水で砂抜き処理したあさりを真水に3～5分つけて塩抜きし、ざるにあげる。

2 うどは皮をむいて半分に切り、縦4割りにして水にさらす。長ねぎは5cm長さに切る。

3 菜の花は半分に切り、上半分のみを80℃で2分ゆでたら水にさらし、ざるにあげる。

＊水1ℓを沸騰させた鍋に300ccの水を加えると約80℃になる。

＊菜の花の下半分は別の料理で活用を。

4 フライパンにあさり、酒、**2**を入れて強火にかけ、蓋をする。

5 あさりの口が次々と開く音がしたら、菜の花を加えて火を止め、器に盛る。よく混ぜ合わせたAを添える。

＊ぽん酢の材料のオレンジはみかんでも代用できる。

蒸す
揚げる

蓮根肉団子

鍋にたねを入れてから火にかけて揚げれば、じわじわと加熱され、肉団子はジューシーにできあがります。また肉団子のたねをベースに、スープ仕立ての煮団子のレシピもぜひお試しください。

◉**材料**・作りやすい分量

A〈肉団子のたね〉
- 蓮根……100g
- 豚ひき肉……300g
- 卵……1個
- 片栗粉……大さじ1
- 薄口醤油……小さじ2

揚げ油……適宜

キャベツ……適宜

◉**作り方**

1 鍋に揚げ油を入れておく。蓮根はフードプロセッサーで粗く刻み、残りのAとともにボウルに入れ、空気を含ませるようによく混ぜる。

*フードプロセッサーがなければ粗いおろし金を利用して。

2 手のひらにすくい、親指と人さし指の間からたねを押し出してスプーンで一口大に丸めながら、**1**の鍋に入れる。

*たねを半分残し、下記のスープ仕立ての煮団子用に使ってもよい。

3 たねを入れ終えたら、**2**の鍋を中火にかけ、鍋底から肉団子が浮かんできつね色になったら引き上げる。

*火にかけた後に菜箸でたねを少し動かすと、鍋底にくっつかない。

4 器に盛り、千切りにしたキャベツを添える。

*お好みで醤油、おろししょうが、からしを添えて。

たね投入後に火にかけ
ゆっくり揚げる

スープ仕立ての煮団子

◉**材料**・作りやすい分量

上記A……同分量の半分

B〈煮汁〉
- 水……500cc
- 薄口醤油・酒……各大さじ1
- 昆布……6cm角1枚

わけぎ……2本

◉**作り方**

1 鍋にBを注ぎ、上記作り方**1**・**2**の要領で肉団子のたねを作って丸めながら鍋に入れる。

2 たねを入れ終えたら火にかけ、沸騰したら弱火にし、あくをとりながら3分煮る。煮えばなに3cm長さに切ったわけぎを加えて、器に盛る。

和える
漬ける

白和え

〝和える〟とは、具自体の持ち味や形を残しながら軽く混ぜる、つまり調和させるということ。和え物上手になるには、具に味をなじませることが大事です。和え衣と具には下味をつけておく、もしくは旨みの強い素材を具にします。そして具の水気はよくきって。せっかく下味をつけても、水気が残っていると味がぼやけます。和えてから時間がたつと、調味料の塩分のせいで水分が出たり、色みが変化したりするので、和えるのは食卓に出す直前に。

◉材料・2人分

菜の花（上部のみ使用）…… 1束
油揚げ …… ½枚
白滝 …… 30ｇ
A〈煮汁〉
　だし汁 …… 100cc
　薄口醤油 …… 小さじ1と½
絹ごし豆腐 …… 50ｇ
B〈和え衣の調味料〉
　砂糖 …… 大さじ1
　薄口醤油 …… 小さじ½
　練り白ごま …… 大さじ1

具に下味をつけなじませたらすぐ食卓へ

◉作り方

1 半分に切った菜の花の上部を30秒ゆでる。続けて白滝を入れて霜降りしてあくを抜き、食べやすい長さに切る。油揚げは縦半分に切ってから3㎜の細切りにし、鍋に残った熱湯をかけて油抜きをする。
*菜の花の下半分は別の料理で活用を。

2 別の鍋に油揚げ、白滝、Aを入れて火にかけ、沸騰したら弱火で2分煮る。ボウルに汁ごと移しかえ、冷めたら水気をきった**1**の菜の花を加えて15分以上漬ける。
*豆腐を用いる白和え衣はいたみやすいので、具は冷ましておく。

3 洗った**1**の鍋に豆腐と水（分量外）を入れて火にかけ、沸騰したら弱火で2分ゆで、ざるにあげる。
*ゆでることで豆腐の水分が飛ぶ。重しをのせるより格段にはやく水きりできる。

4 別のボウルに**3**を入れ、泡立て器でなめらかになるまで混ぜ、Bを加えてさらに混ぜる。
*すり鉢ですり潰してもよいが、手早く均一に混ぜられる泡立て器が便利。

5 **2**をふきんなどで絞って汁気をよくきってから**4**と和え、器に盛る。

応用

ごま和え

ごまは直前に煎って香り豊かに。
半分ほど粒を残す
〝半ずり〟なら食感が残り、
口の中で香りも立つ。

◉**材料**・2人分

絹さや……12枚
海老……4本
黒ごま……大さじ2
A 〈和え衣の調味料〉
砂糖……大さじ½
薄口醤油……小さじ½

◉**作り方**

1 すり鉢で黒ごまを半ずりにし、Aを加える。
2 すじをとって半分に切った絹さやを1分ゆでる。海老は頭と殻と尻尾、背わた・腹わたをとり、2分ゆでる。
*絹さやに下味として、醤油を数滴（分量外）たらしてもよい。旨みの強い海老は下味つけは不要。
3 水気をきった**2**を**1**に入れて和え、器に盛る。
*ごま和えは具が温かいうちに和えてもよい。

和える
漬ける

酢の物3種

合わせ酢を煮切れば
まろやかに

防腐作用や食欲増進にひと役買う酢をベースに、醤油やみりんなどを配合した合わせ酢で、酢の物作りをしましょう。ツンとくる刺激やとがった酸っぱさを和らげるため、合わせ酢を加熱して、酢の刺激成分を飛ばすひと工夫がポイント。小鍋でひと煮立ち（煮切るとも言います）させればOK。電子レンジの加熱でも十分ですよ。紹介の合わせ酢はいずれも、冷蔵で約1ヵ月日持ちします。

酸味の効いたさっぱり味

二杯酢は　酢1：醤油1

海老やかになど、旨みの強い動物性たんぱく質と合わせると、ほどよいバランスに。

【赤貝・いかの二杯酢がけ】

◉材料・2人分

A
〈合わせ酢〉
酢……大さじ1
醤油……大さじ1

赤貝、いか、わかめ、大葉……適宜

◉作り方

1 Aを小鍋に入れ、ひと煮立ちさせ、冷ましておく。

2 赤貝といか、湯がいたわかめを食べやすい大きさに切り、大葉とともに器に盛り、1をかける。

＊刺身を醤油のかわりに二杯酢にすれば、塩分ひかえめに。

甘さが加わった美味しさ

三杯酢は　酢1：醤油1：みりん1

二杯酢にみりんの甘みをプラス。穏やかな旨みの魚介や野菜と好相性。

【帆立の三杯酢がけ】

◉材料・2人分

A
〈合わせ酢〉
酢……小さじ1
醤油……小さじ1
みりん……小さじ1

帆立、きゅうり、トマト、みょうが……適宜

◉作り方

1 二杯酢の要領でAをひと煮立ちさせ、冷ましておく。

2 小口切りにしたきゅうりに塩をふり（分量外）、しんなりしたらさっと洗い、水気をしっかりきる。トマトとみょうがは食べやすい大きさに切る。帆立は65℃の湯にさっと通し、食べやすい大きさに割く。

3 2を器に盛り、1をかける。

うまみとこくが豊かな万能酢

土佐酢は　だし3：酢2：醤油1：みりん1

かつおの産地・土佐にちなんだ名称。水気のある素材に合う。刺身にも。

【しめあじの土佐酢がけ】

◉材料・2人分

A
〈合わせ酢〉
だし……大さじ1
酢……小さじ2
醤油……小さじ1
みりん……小さじ1

しめあじ、わかめ、ヤングコーン……適宜

◉作り方

1 二杯酢の要領でAをひと煮立ちさせ、冷ましておく。

2 しめあじと湯がいたわかめとヤングコーンは、食べやすい大きさに切る。

3 2を器に盛り、1をかける。

和える 漬ける

浅漬け3種

一度湯通しすれば漬かりがはやくなる

市販の浅漬けや調味液はアミノ酸をはじめ添加物が多く含まれ、味が単一で食べ飽きてしまいます。紹介する浅漬けの調味料は塩と昆布のみ。だから素材となる野菜の風味が際立ちます。塩でなじませ重しをしたら、さっと湯通しして昆布だしに漬けてください。ちょっとひと手間ですが、野菜本来の味わいを残しつつ、旨みが十分行き渡った美味しい漬け物が小一時間で完成です。冷蔵庫で2〜3日は日持ちしますが、生ものなのでなるべく早めに召し上がってください。

かぶで

◉材料・作りやすい分量

かぶ（葉付きのもの）…… 3個
にんじん …… 30g（3～4cm長さ）
塩 …… 大さじ1
昆布だし（左記参照）…… 250cc

◉昆布だしの作り方

鍋に水250ccと塩小さじ1、昆布6cm角1枚を入れ、ひと煮たちさせて冷ます。
＊昆布も野菜とともにいただくので、適当な大きさに切っておく。

◉作り方

1 かぶは縦半分に切ってから薄く半月切りし、茎の部分は3cm長さに切る。にんじんは皮をむき、縦半分に切って1cm幅の薄切りにする。野菜をすべてボウルに入れ、全体に塩をまぶして10分おく。その間に昆布だしを作る。野菜がしんなりしてきたら、軽くもむ。
＊時間をおかずにもむと野菜が割れてしまう。

2 **1**をビニール袋に入れて上に重しをのせて30分おく。
＊右下写真のように、野菜の入ったビニール袋をボウルに入れ、その上にのせたひとまわり小さいボウルに水をはると、均等に重しがかかる。

3 重しを外してビニール袋から中身を取り出し、70℃の湯に10秒浸し、氷水にとる。
＊一度湯通しすると、とがった塩気が和らぐ。また、氷水にとれば野菜の歯応えがよくなる。

4 **3**を軽く絞ってから、ビニール袋に戻し、昆布だしを昆布ごと注いで30分おいたら、軽く水気をきって器に盛る。
＊味見をして漬かりが浅すぎたら**2**の要領で重しをする。

白菜で

◉材料・作りやすい分量

白菜 …… ¼個
塩 …… 大さじ1
柚子の皮 …… ¼枚
昆布だし …… 250cc

◉作り方

1 白菜は食べやすい大きさに切る。
2 上記作り方**2**の要領で塩をまぶし10分、ビニール袋に入れ30分重しをする。
3 同様に**2**の中身を70℃の湯に10秒浸し、氷水にとる。
4 **3**を軽く絞ってからビニール袋に戻し、千切りにした柚子の皮と昆布だしを注いで30分おいたら、軽く水気をきって器に盛る。

小松菜とパプリカで

◉材料・作りやすい分量

小松菜 …… 200g
パプリカ（赤・黄）…… 各1個
塩……大さじ1
昆布だし……250cc

◉作り方

1 小松菜は根の部分を除いて2～3cm長さに、パプリカは縦半分に種とへたを除いて細切りにする。
2 上記作り方**2**の要領で塩をまぶし10分、ビニール袋に入れ30分重しをする。
3 同様に**2**の中身を70℃の湯に10秒浸し、氷水にとる。
4 **3**を軽く絞ってからビニール袋に戻し、昆布だしを注いで30分おいたら、軽く水気をきって器に盛る。

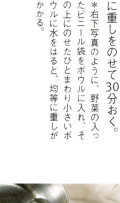

和える
漬ける

黄身酢和え

卵黄を使った和え衣はきれいな色みなので、具材と混ぜずにソースやディップ感覚で盛りつけると食卓に華やぎが。卵黄は65℃以上で固まり始めるので、湯せんにかけたらマヨネーズ状になるまで手早く混ぜて。しめ鯖やごま豆腐、揚げ物にも合います。余った黄身酢は密封容器またはラップで小分けして、冷蔵保存し3日以内に。固くなったら漉《こ》すか、水を加えてのばしてください。

卵黄が固まる手前で湯せんをストップ

◉材料・2人分

A 〈黄身酢〉
- 卵の黄身……3個
- 砂糖・酢・薄口醤油……各大さじ1

やりいか（胴）……½杯

グリーンアスパラガス……4本

◉作り方

1 Aをボウルに入れ、よく混ぜ合わせておく。アスパラガスは軸と筋をとる。やりいかは皮をむき、表面に2〜3㎜の斜め格子の切り込みを入れる。

＊いかは¼くらいの柵どりにすると、切り込みを入れやすい。

2 水を張った鍋を火にかけ、80℃になったら**1**のボウルに入ったAを湯せんしながら混ぜる。マヨネーズ状のとろみがついたら、湯せんからおろす。

＊沸騰した1ℓの湯に水300㏄を加えると、約80℃になる。

3 **2**の鍋を沸騰させ、**1**のアスパラガスを1分ゆでたら氷水にとり、すぐに引き上げて粗熱をとって5㎝長さに切る。

4 **3**の鍋の湯が65〜70℃くらいに下がったら、**1**のいかを10秒入れて冷水にとる。水気をふき、食べやすい大きさに切る。

5 **3**と**4**を器に盛り、**2**をかける。

応用

黄身たらこ和え

調味料がわりにたらこをプラスすると赤みのさした和え衣に。

◉**材料**・2人分

A 〈和え衣〉
- 卵の黄身 …… 3個
- たらこ（皮を除く）…… 100g

きゅうり …… 適宜　ヤングコーン …… 適宜

◉**作り方**

1 上記作り方**2**の要領で黄身を湯せんにかけ、混ぜる。とろみがついたら湯せんからおろし、ほぐしたたらこを加えてさらに混ぜ、和え衣を作る。

2 **1**の鍋を沸騰させてヤングコーンをゆで、火が通ったら冷水にとり、水気をきる。

3 きゅうりは両端を切ってから、⅓〜¼に切り、さらに縦¼に切る。

4 **2**と**3**を器に盛り、**1**をかける。

＊黄身たらこの日持ちと保存法は黄身酢と同様。
＊写真のように器に**1**を入れ、野菜を添えても。

第2章

美味しい日々の食卓

カガクの視点で考えれば

もう一歩〝考える〟を進めて、
毎日の食卓で喜ばれるレシピを
調理科学の視点を交えて
肉・魚介・野菜の素材別に紹介。
「なぜ、こうするの？」から
「こうしたら、こんなふうにできた！」
と美味しい発見ができれば、
料理作りはもっと楽しくなるはず。

肉で一品

豚の角煮

おからで下ゆですれば脂っぽさが軽減

こってりした料理が恋しくなる、そんな寒い日にぴったりの料理です。豚ばら肉は余分な脂肪を除くため下ゆでしますが、浮き出た脂をすくい取るのは手間ですね。鍋につきっきりでなくても、効率的に脂肪を取り除ける、おからで下ゆでする方法で上手に仕上げましょう。

◉材料・作りやすい分量

豚ばら肉（固まり）…… 500g
おから …… 150g
ペコロス（小玉ねぎ）…… 4個
にんじん（5×2㎝の拍子切り）…… 1本
長ねぎ（青い部分）…… 2～3本
しょうが（薄切り）…… 1かけ
絹さや（塩ゆでしたもの）・和からし …… 適宜
A 〈煮汁〉
水 …… 350cc
酒・醤油・みりん …… 各50cc
砂糖 …… 25g

◉作り方

1
熱したフライパンに豚肉を入れ、焼き脂がにじみ出るまで両面をよく焼きつけてから、さっと湯通しし、表面の脂を取り除く。

2
鍋に水1・5ℓ（分量外）、豚肉、おからを入れて火にかけ、沸騰したら中火で1時間半煮る。

3
豚肉を水にさらしてよく洗い、食べやすい厚さに切る。

4
鍋に豚肉、皮をむいたペコロス、にんじん、A（醤油のみ半量の25cc）を入れて火にかけ、煮立ったら長ねぎを加える。

＊醤油は風合いを残すため、2回に分けて入れる。

5
長ねぎに火が通ったら、残りの醤油を加えて中火で15～20分煮る。長ねぎがくたっとなったら取り除き、しょうがを加えて煮汁が半分くらいになるまで煮詰める。

＊しょうがは香りが飛ばないよう、プロセスの後半に入れる。

6
器に盛り、絹さやと和からしを添える。

【カガクの目】

豚ばら肉100g当たりの脂肪含有量は35～40gも占めるため、脂肪の摂りすぎが気になります。豚肉の脂肪（主として飽和脂肪酸）の融点は30～40℃なので、高温でゆでれば湯に溶けだし液状となって浮いてきます。そこで、食物繊維をたくさん含んだ吸着性の高いおからを投入すると、豚肉の脂肪は吸着されるのです。（成瀬）

ちょっとアレンジ

豚を牛にかえて

牛ばら肉を使っても美味しい一品にできます。また煮汁にトマトジュースを使うとさっぱりした仕上がりに。右記作り方の要領で、にんじんは写真のように輪切りにしても。

〈トマトジュースの煮汁〉
トマトジュース 300cc
水100cc

肉で一品

和風ローストビーフ

オーブンがなくてもフライパンでOK

用意するのは深めの蓋付きフライパン（または蓋付きの深鍋）。フライパンの蓋がなければ、それに合うボウルを代用しましょう。オーブンがなくても大丈夫。余熱を利用するので地球にもお財布にもやさしいレシピです。

◉材料・作りやすい分量

牛もも肉（固まり・5cm角くらい）…… 500g
サラダ油 …… 大さじ1
A 〈煮汁〉
　酒 …… 大さじ6
　水・醤油 …… 各大さじ4
　長ねぎ（みじん切り）…… 1本
　大葉（みじん切り）…… 10枚
水あめ …… 山盛り大さじ1
クレソン・すだち・戻したわかめ …… 適宜
黄身おろし（よく混ぜておく）
　大根おろし …… 1カップ
　卵の黄身 …… 2個

◉作り方

1 牛肉の表面全体に塩（分量外）をふり、30分おく。
＊肉に下味がつき、表面だけ脱水して肉を締めるので加熱しても旨みが逃げない。

2 油をひいてよく熱したフライパンに牛肉を入れ、表面全体をさっと焼いたら取り出す。
＊焼き色はつけず、色が変わるくらいでよい。

3 牛肉を熱湯に20秒くぐらせ、水気をふく。
＊熱湯で余分な脂と塩気をとる。

4 よく洗った**2**のフライパンにAを入れて火にかけ、沸騰したら牛肉を入れ、蓋をして弱火にし、途中肉を返しながら10分煮る。

5 牛肉をバットに取り出したら強火にして煮汁を煮詰め、泡が立ったら水あめを入れて粘度を出してソースを作る。

6 煮汁を**5**の肉にかけ、アルミホイルで蓋をし、肉が常温になるまで冷めたら切り分ける。器に盛り、カットしたクレソン・すだち・戻したわかめ、黄身おろしを添える。煮汁はソースとしてかける。

【カガクの目】

たんぱく質に含まれるミオシンが、旨み成分アミノ酸を生成する最適条件は40℃以上。ただし65℃以上では、たんぱく質は凝固が進み、過度な加熱処理は肉そのものの美味しさを半減。余熱で肉の内部を低温（40〜50℃）に保てば、旨みを呈するアミノ酸の生成量が増え、美味しいローストビーフに仕上がるという訳です。（成瀬）

ちょっとアレンジ

和風ローストチキン

ヘルシーな鶏むね肉でも充実の逸品に。鶏むね肉150gは表面全体に塩をふり30分室温におき、右記作り方の要領で調理。付け合わせに、クレソンと千切りしたきゅうり・にんじん（各適宜）を添えて。

肉で一品

鶏ハム

沸騰させずに弱火で煮ればしっとり

低カロリー・高たんぱく質の鶏むね肉を、アレンジ自在のシンプルなハムに。ポイントは焦らず急がず弱火で煮ること。香味野菜と一緒に煮込むので、煮汁もスープストックとして活用できます。煮た野菜をミキサーにかけて煮汁でのばして、ハムのソースにするのもおすすめ。

◉**材料**・作りやすい分量

鶏むね肉……500g（250g×2枚）
塩……10g
A〈だし用野菜〉
玉ねぎ・にんじん・長ねぎ・セロリの葉など……200g
＊余り野菜など活用を。
B〈煮汁〉
水……1ℓ
薄口醤油・酒……各100cc

◉**作り方**

1 鶏肉の皮をむき、表裏全体に塩をまぶして室温で20〜30分おく（夏場は冷蔵庫に）。
＊時間があれば冷蔵庫にひと晩置くと、より塩がなじむ。

2 **1**の両端を内側に折り込んでから巻き始め、たこ糸で巻いてかたちを整える。

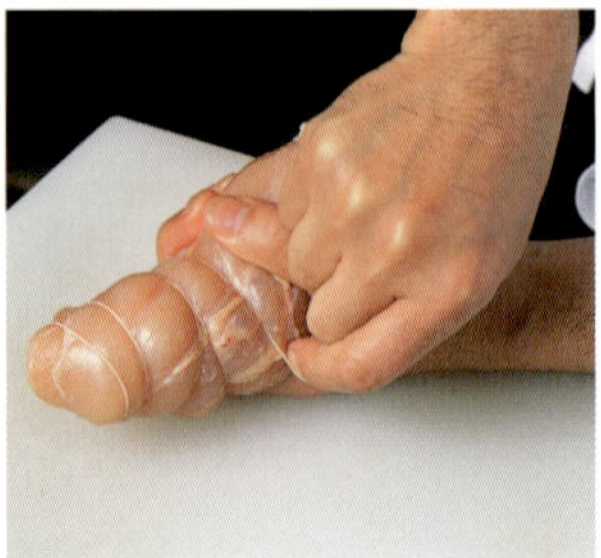

3 **2**を霜降りし、表面全体が白っぽくなったら冷水にとり、軽く洗ってから水気をふく。

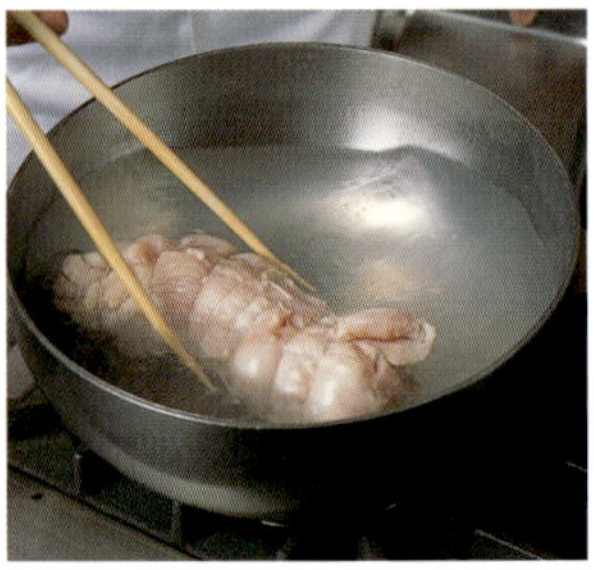

4 別の鍋に粗く刻んだA、B、**3**を入れて火にかけ、沸騰寸前に弱火にする。

5 20分煮たら、鶏肉を取り出して冷ます。冷蔵保存5日が目安。

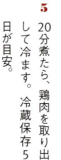

【カガクの目】

沸騰寸前に弱火にする、それが美味しさの決め手です。肉類は加熱するにしたがい、身が締まると同時に肉汁を追い出します。鶏肉は最も肉汁を放しやすくパサつく性質があるので、ゆるやかに中心まで火を通すこと。でも初めから低温度では、表面が固まるまでの間に味成分が溶け出してしまいます。霜降りは表面がさっと白む程度で。（松本）

ちょっとアレンジ

ゆで豚

鶏ハムのプロセスで、ゆで豚にも挑戦を。鶏肉を豚肩ロース肉500gに、煮汁の調味料を薄口醤油・酒とも50cc（肉の1/10）にして弱火で30分煮て、そのまま冷ます。冷蔵保存5日が目安。

肉で一品

鶏の竜田揚げ

余熱プラス2度揚げでジューシーに

ポイントは1度目を揚げたら、そのまま休ませること。他の肉や魚介類の揚げ物も同様に2度揚げすると、中はふっくら、表面はカリッと仕上がります。薄力粉より片栗粉の方が、よりサクッとしたやわらかい食感になります。

◉**材料**・作りやすい分量

鶏もも肉……1枚（約250g）

A〈漬け汁〉
- 醤油……大さじ2
- 酒……大さじ3
- おろししょうが・おろしにんにく……各小さじ1

片栗粉・揚げ油……適宜

キャベツ・レモン……適宜

◉**作り方**

1 鶏肉を一口大（約25g）に切り、ボウルにAとともに入れ、なじむまで手でもみ込む。

＊漬け込むよりも下味がついて効果的。

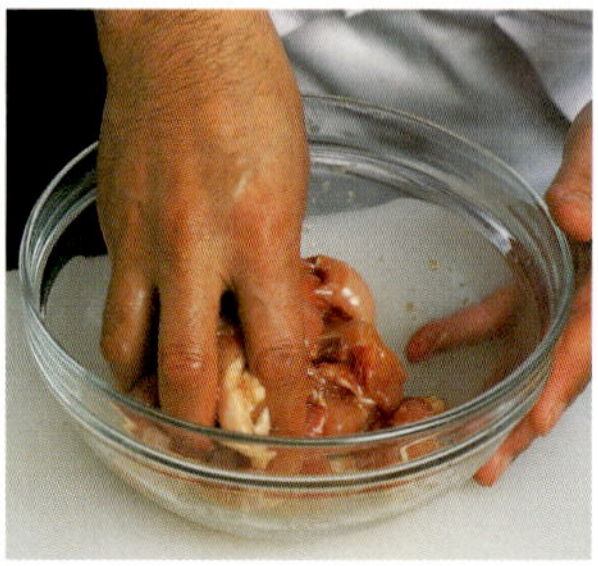

2 鶏肉は手で絞りながら汁気をきり、片栗粉を押しつけるように手でまぶして、170℃の油で1分半揚げる。

＊片栗粉をまぶしたらすぐに揚げられるよう、準備を整えておく。

3 揚がった鶏肉をバットに並べて油をきり、2〜3分休ませる。

＊余熱でじんわり火が通る。

4 再び鶏肉を油に入れて、さらに1分半揚げる。

5 器に盛り、千切りしたキャベツとカットしたレモンを添える。

【カガクの目】

肉類は強火や長時間加熱すると、肉汁を追い出しながら固くなっていきます。揚げ時間がかかる固まり肉は、途中で引き上げ、表面から内へと移っていく熱を利用すると、全体がふっくらと火通しされます。揚げる温度が低いと油ぎれが悪いので、2度揚げして油ぎれをよくし、ここで食欲をそそる焦色をつけるようにしましょう。（松本）

ちょっとアレンジ

鶏を豚にかえて

とんかつ用の豚肉を使った竜田揚げ。豚もも肉200gを食べやすい大きさに切り、1と同量の漬け汁にもみ込み、片栗粉をまぶして右記作り方の要領で調理します。

魚で一品

いわしのつみれ汁

つみれは冷たい汁に入れてから火にかける

いわしの臭みとりにはしょうがと言われますが、鮮度がよければ必要なく、むしろ加えないほうが本来の風味を味わえます。あじや鮭もつみれに向いており、いずれも身肉の形状が少し残るくらいにすりましょう。つみれは火にかける前の冷たい状態から煮ると、汁をにごしません。

◉材料・2人分

いわし（三枚おろしにしたもの）……大2尾

A〈つみれの調味料〉
- 長ねぎ（みじん切り）……1本
- 味噌……10g
- 小麦粉……10g
- 塩……少々

セロリ……80g

菜の花……4本

レタス……大3枚

B〈煮汁〉
- 水……500cc
- 塩……小さじ½
- 薄口醤油……小さじ1
- 昆布……8cm角1枚

こしょう……適宜

◉作り方

1 セロリは斜め薄切りに、菜の花は6cm長さに、レタスは適当な大きさにちぎる。

2 いわしに塩（分量外）をふり、身を包丁でたたく。

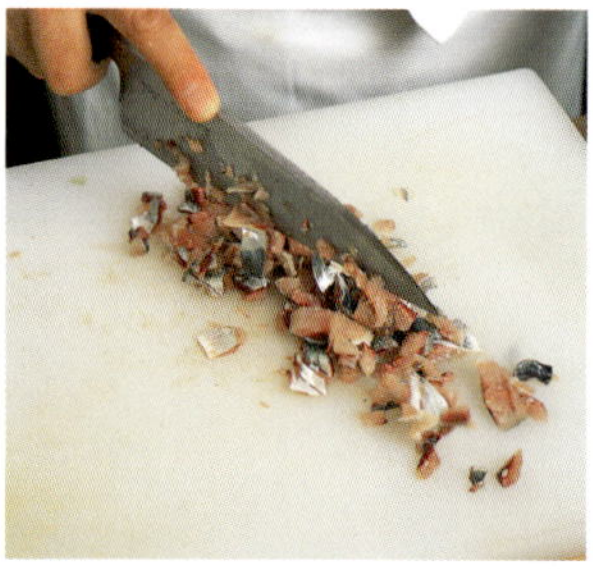

3 すり鉢に**2**とAを入れ、すりこぎでたたくようにする。

4 Bを入れた鍋に、片手に取ったたねを親指と人差し指の間から絞り出し、スプーンですくって落とす。

*たねを手に取って指の間から押し出して汁に〝摘み入れ〟るので、〝つみれ〟という。

5 さらに**1**を入れて中火にかける。沸騰したら火を弱めて1分煮て昆布を取り出す。

6 器に盛り、お好みでこしょうをふる。

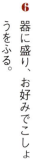

【カガクの目】

身肉をミンチにかけてすり身状にする市販品は、練り製品のような食感。すり過ぎると固くなり（ゲル状態）、魚肉の風味が損なわれます。ゲルの手前であるゾル状態なら、浮遊する魚肉たんぱく質の繊維（アクトミオシンなど）が加熱により網の目状に絡み合い、滑らかで弾力のあるつみれになります。たたき過ぎ・すり過ぎにご注意。（成瀬）

ちょっとアレンジ

鮭つみれ

写真のように汁の具材も季節のものにかえてバリエーションを。

◉作り方

1. 生鮭100gに塩をふって15分おき、木綿豆腐50gは軽く水気をきる。
2. 1の鮭をさっと洗い水気をふいてから包丁で粗めに叩く。
3. すり鉢に1の豆腐・卵½個・片栗粉大さじ1・薄口醤油小さじ1を入れて混ぜながらすり、さらに長ねぎのみじん切り¼本分を加えてする。

魚で一品

鯖の南蛮漬け

揚げものをさわやかな酸味の美味しさで

南蛮漬けというと、揚げたあじを酢のきいた漬け汁でマリネするのが定番でした。保存や日持ちのための濃い味つけの定番を、素材の味わいや歯応えを愉しめるレシピに。野菜もたんぱく質もしっかり摂れます。温かいままでも、冷やしても美味しい一品です。

◉材料・2人分

鯖……150g
パプリカ(赤・黄・緑)……各⅓個
玉ねぎ……¼個
しいたけ……2枚
A〈漬け汁〉
　だし……150cc
　酢……60cc
　薄口醤油・みりん……各20cc
　砂糖……大さじ1
薄力粉・揚げ油……適宜

◉作り方

1 鯖はひと口大(約25g)に切る。パプリカと玉ねぎは縦3cm・幅1・5cmの短冊切りにする。しいたけは軸を切り、4等分にする。

2 鯖に薄力粉をまぶし、刷毛で余分な粉を落とす。170℃の油で**1**の野菜を素揚げし、続けて鯖を揚げる。

＊鯖は表面がきつね色になったらOK。

3 **2**の鯖と野菜を熱湯にさっと浸して油抜きし、汁気をきったらボウルや容器に移す。

＊油抜きにざるを使うとよい。

4 鍋にAを入れ、ひと煮立ちさせる。

＊火を入れると、ツンとくる酢の成分が飛んでまろやかに。

5 **3**に**4**をかけ、器に盛る。

＊緑のパプリカは変色しやすいので、盛りつけ時にトッピングするときれいに。

【カガクの目】

揚げると素材のくせが油へと抜けていくので、パプリカや鯖が苦手な方でも気にせずいただけるでしょう。油抜きするとカロリーが低くなり、漬け汁も浸みよくなります。漬け汁の酢は、鯖のにおいをやわらげますが、緑色を褪色させるので、緑のパプリカは漬け汁に長く漬けないで。冷やす際も取り分けておくとよいでしょう。（松本）

ちょっとアレンジ

鯖を鶏にかえて

鶏もも肉200gはひと口大にカットし、右記作り方の要領で。

魚で一品

しめ鯖

初めから塩でなく、まず砂糖で締める

最初から鯖に塩をふると、脱水だけでなく塩分も浸透して塩辛くなってしまいます。そこで野崎流は砂糖から。甘くなるのでは、という心配はいりません。調味の「さしすせそ」は常に正しいというわけではありませんが、しめ鯖は、砂糖・塩・酢・つけ醤油の順で作ってください。

◉**材料**・作りやすい分量

鯖（三枚おろしにしたもの）…… 1尾

砂糖・塩・酢 …… 適宜

大根・大葉・おろししょうが …… 適宜

◉**作り方**

1

砂糖をたっぷり敷いたざるの上に、皮目を下にした鯖をのせ、さらに砂糖をまぶして全体を覆う。常温で40分おく。

＊下にバットをおくとよい。

2

砂糖を洗い流し、水気をふいた**1**に、同様のプロセスで両面を塩でまぶす。常温で1時間半おく。

3

塩を洗い流し、水気をふいて皮目を下にした**2**をバットに入れ、酢をかぶるくらい加える。常温で20分つける。

＊上からペーパータオルをのせると、浸透がよくなり均一につかる。

4

3をバットから取り出し、ラップに包んで冷蔵保存する。身の中心にある小骨を抜き、供する直前に薄皮をむいてからそぎ切りする。

＊小骨は頭側に向かって引くと抜きやすい。薄皮は尾の方に向かって少しずつむく。

＊そぎ切りは包丁の刃を横に寝かせて刃もとから薄く斜めに。中央に切り目を入れながら7〜8㎜厚さにすると、身の締まった鯖が食べやすくなる。

5

器に盛り、好みで薄切りした大根、大葉、おろししょうがを添える。

【カガクの目】

砂糖の分子は、鯖の成分中の水と結合しても構成を変えず身肉を覆う状態になるため、糖分は中に浸みこまず、水分だけ抜けます。さらに次にまぶす塩は砂糖より分子が小さいので、砂糖の分子で覆われた身肉に塩分が浸透しすぎずに、ほどよく味がつくのです。（野﨑）

ちょっとアレンジ

鯖を鰤にかえて

しめ鯖と同じプロセスで、鰤締めも。鰤は身がやわらかいので、鯖より厚めに切って。

魚で一品

鯛の酒蒸し

蒸す前に塩をふり、素材をやわらかく味わう

蒸す調理法は焼く・煮るなどと異なり、味付けができません。だから素材が本来持つ味わいを生かすためには鮮度はもちろん、塩ふりと霜降りの下ごしらえがポイントに。必ず蒸気が上がった状態から蒸し始めてください。

◉**材料**・2人分

鯛……60g×2切れ
豆腐……50g×2切れ
長ねぎ……5cm長さ×4
しいたけ……2枚
だしをとったあとの昆布……適宜
春菊……2本
酒……大さじ2
A〈もみじおろし〉
　大根……輪切り1cm長さ
　鷹の爪……1本
B〈ぽん酢〉
　醤油……100cc
　酢……60cc
　オレンジジュース（またはみかんの絞り汁）……80cc
　ごま油……小さじ½

◉**作り方**

1 鯛の両面に塩をふり、30分おく。

2 鯛を霜降りし、身が白っぽくなったら氷水にとって水気をふく。

3 長ねぎの側面に3ヵ所ほど斜めに包丁目を入れる。しいたけは軸を切る。

4 バットに昆布を敷き、その上に**2**の鯛、さらに**3**と豆腐を並べる。酒をふって、蒸気の上がった蒸し器に入れ、15分蒸す。

＊鯛がバットにくっつかないように昆布を敷く。

5 大根を半分に切り、鷹の爪をはさんで卸し金ですり、Aをつくる。Bは醤油と酢を合わせて煮切っておき、冷ましてから他の材料を合わせる。

＊小鍋でひと煮立ち（＝煮切る）させると、酢の刺激成分が飛んでまろやかに。電子レンジを利用してもよい。【P42-43参照】

6 蒸し上がった**4**、さっとゆでた春菊、もみじおろしを器に盛り、Bを添える。

【カガクの目】

形くずれせず、かつ味成分が保たれるのが蒸し料理の長所。加熱中は味が留まる＝あくや生臭みも溶出しないので、鮮度と下処理がカギに。肉や魚の場合、主成分であるたんぱく質の性質を利用。塩の浸透で身が締まり、熱湯に放てば表面が固まり、臭みの元となる脂分や血などが取れやすく。ふきんなどでぬめりをとればなおよいですね。（松本）

ちょっとアレンジ

鯛をさわらにかえて

酒蒸しはさわらを使っても美味。付け合わせの野菜は小松菜やしめじなど、お好みでどうぞ。

いかと里芋の煮物

里芋の皮はアルミホイルでこそぐ

里芋は皮を厚くむき、塩でもむという下処理が一般的。でも、皮と身の間に栄養や旨みがあるので、これは実にもったいない話。料理屋は形よく美しく仕上げるためにそうするのであり、それにならう必要はありません。皮ごと下ゆでしてからアルミホイルでこそげばラクラクです。

◉材料・2人分

里芋……6個

A 〈ゆで汁〉
- 水……1ℓ
- 米ぬか……50g
- するめいか……1杯

B 〈煮汁〉
- 水……300cc
- 醤油……20cc
- 酒……30cc
- 砂糖……大さじ2と½

青菜……適宜

◉作り方

1 里芋を皮付きのまま熱湯で3分ゆでる。水にさらしてから、まるめたアルミホイルで皮をこそげ落とす。

2 鍋に里芋とAを入れて火にかけ、中火でやわらかくなるまでゆでる。ゆで上がったら湯で洗い、ざるにあげる。
＊湯で洗うと、ぬか臭さがとれる。

3 わたと軟骨を抜いたいかを霜降りし、白っぽくなったら冷水にとり、もみ洗いする。水気をふき、げそは3～4等分に、胴は2㎝幅に切る。
＊いかの皮からだしが出るので、皮はむかなくてよい。

4 別の鍋にBを入れ、里芋とげそを入れて火にかけ、沸騰したら弱火で20分煮る。
＊材料がすべて煮汁にひたる容量の鍋で煮るのがポイント。

5 3の胴を加え、2分煮たら器に盛り、ゆでた青菜を添える。

【カガクの目】

米ぬかと一緒にゆでると、里芋のぬめり成分が吸着して、吹きこぼれを防止します。しかも水だけでゆでるより沸点がやや高くなり、里芋に含まれるデンプンの糊化が進んで食感がよくなると考えられます。煮上がった里芋を湯で洗えばあく成分も米ぬかとともに流れ、里芋のえぐみや突き刺すような酸味が除かれます。（成瀬）

ちょっとアレンジ

いかを鶏にかえて

鶏肉と里芋を煮込んだ肉里。鶏肉は煮込み過ぎないよう、いったん取り出して最後に戻して。

◉作り方

1 右記作り方1の要領で里芋の下処理をする。
2 鶏肉150gは1切れ25gを目安に切り、霜降りする。
3 右記作り方4の要領で煮汁に里芋と鶏肉を入れて火にかける。
4 沸騰したら鶏肉を取り出し、弱火で20分煮る。
5 鶏肉を戻して、火が通ったらできあがり。

*好みで青菜を添えても。

野菜で一品

野菜のゆでサラダ

野菜は沸騰した湯でゆでてはダメ

菜の花、キャベツ、かぶ、ブロッコリーに小松菜……。これらはすべてアブラナ科の野菜です。身体によいとされる酵素を多く含みますが、熱に弱い側面も。せっかくの酵素をなるべく壊さないよう低温でゆでれば、素材の味がよくわかり、みずみずしい仕上がりになります。

◉**材料**・2人分

- かぶ …… 2個
- キャベツ …… ¼個
- ブロッコリー …… 1株
- 小松菜 …… ½束
- 菜の花 …… 1束
- A
  - 〈ソース〉
  - ヨーグルト …… 100g
  - 豆乳 …… 50cc
  - 塩・薄口醤油 …… 各小さじ½
  - いりごま …… 大さじ4

◉**作り方**

1 鍋にたっぷりの湯を沸かし、水に対して1・5％の塩（分量外）を入れる。かぶは¼〜⅙のくし切りにし、70℃の湯で7分ゆでる。

2 キャベツは70〜80℃で3分ゆでる。

3 ブロッコリーは食べやすい大きさに切り、根元に十字の包丁目を入れて、70〜80℃で2〜3分ゆでる。

4 小松菜は根と茎を切り分け、70〜80℃の湯に根を先に入れて2分、葉は1分ゆでる。

5 菜の花は80℃の湯に根元から菜箸ではさみながら入れて1分、菜箸から放して全部湯に入れて1分ゆでる。

6 Aを混ぜてソースを作り、器に盛ったゆで野菜に添える。

【カガクの目】

酵素は70～80℃の温度で旨みや甘みが増し、時間はやわらかさを左右するので、温度と時間を守って1種類ずつゆでましょう。青菜の下ゆでに塩を入れても、実は色鮮やかにする効果はさほどありません。しかし濃い塩水でゆでて顕著なのは、かぶ。表面に適度の塩味が絡まり、中に浸透した塩はかぶの糖分と反応し、甘みを強めます。（松本）

ちょっとアレンジ

ごまだれのソース

ごまだれ風味のソースも好相性。練りごま50g・味噌と砂糖各小さじ1・豆乳200cc・醤油小さじ2・にんにくのすりおろし1かけ分・ラー油少々を混ぜ合わせて。

野菜で一品

茄子の揚げ煮

茄子を揚げたら水の中でもむ

煮含めた茄子は食感がやわらかく格別な味わい。でも茄子をそのまま煮ると、紫の色合いが落ちて残念な結果に。油で揚げて色をキープさせる下処理法はよく知られていますが、さらに色落ちを止めて、かつ味も浸みやすくする方法をご紹介。茄子を揚げたら水の中でもむプロセスを加えて、茄子煮の達人になりましょう。

◉**材料**・2人分

茄子……4本
鶏もも肉……200g
A〈煮汁〉
　水……800cc
　醤油・みりん……各80cc
　砂糖……大さじ2
揚げ油……適宜
白髪ねぎ・針しょうが……適宜

◉作り方

1 ひと口大に切った鶏肉を霜降りし、表面が白っぽくなったら冷水にとり、水気をふく。

2 茄子はへたと先をカットし、縦に1㎝間隔で浅く切れ目を入れる。

3 2本1組にした茄子に竹串を刺す。へた側の上部に刺すとよい。
＊茄子が油の中で回るのを防ぐ。

4 **3**を170〜180℃の油で揚げる。
＊茄子を菜箸ではさんでみて、しんなりするまで揚げる。

5 火が通った**4**を冷水にとり、竹串を抜く。水の中で手で軽くもみほぐしたら、水気をきる。
＊水の中でもむと味が浸みやすくなるので、長時間煮込む必要がなくなる。

6 鍋に**1**とAを入れて火にかけ、沸騰したら**5**を入れ、弱火で3分煮る。器に盛り、お好みで白髪ねぎや針しょうがを添える。

【カガクの目】

煮物の加熱温度では退色する茄子の紫の色素。天ぷらのように、高温加熱＝揚げると色がさめず、味よくやわらかにもなって一石二鳥。水洗いで油を流せば煮汁が浸みやすく、もむと身がほぐれ、より浸みやすくなります。茄子をしっとり煮るには20分はかかりますが、この方法なら、短時間でも茄子は煮汁をたっぷり含みよい状態に。（松本）

ちょっとアレンジ

鶏を豚にかえて

鶏肉を豚スライス肉200gにしても美味。写真のように白髪ねぎと針しょうがに加え、大葉をあしらって彩りよく。

野菜で一品

きのこのホイル焼き

きのこは弱火でじっくり旨みをだす

食物繊維が豊富なきのこ。その旨みは水溶性のため、逃さず調理するなら、ホイル焼きがおすすめです。ただし時間は15分を守ってください。レシピに記載のきのこ以外でもよいですし、天然もの・自生ものが手に入れば、まさに至福の逸品になります。

◉材料・2人分

しいたけ……4枚
しめじ・えのき……各50g
まいたけ……70g
茄子……1本
さつまいも……100g
バター……15g×2
塩・こしょう……適宜

◉作り方

1 きのこは根元を切り、しめじ・えのき・まいたけは食べやすい大きさに裂く。

2 茄子は軸を切り、縦半分に切って表面を5㎜間隔の格子状に包丁目を入れる。さつまいもは¼に切り、水からゆでる。

3 包みを2つ作る。1つにつき、アルミホイル30㎝四方を2枚重ね、茄子、さつまいも、きのこ（すべて材料の半量）の順で中央にのせる。さらにバターをのせ、塩・こしょうをふる。

4 ホイルを手前より上下にかぶせてから、左右を折りたたみながら包む。

＊蒸し焼き状態になるよう、少し余裕をもたせつつ、きっちり包むとよい。

5 4をフライパンにのせて、中火弱で蓋をして15分蒸し焼きにする。

【カガクの目】

きのこには核酸が分解して生じるグアニル酸と、たんぱく質が分解して生じるグルタミン酸の旨みがあり、この2つが出合うと相乗効果で旨みがいっそうアップします。それらの分解に関係する酵素は60℃くらいの低温を好むので、15分ほどかけてじっくり加熱しましょう。包み焼きなら、にじみ出る液汁で野菜も美味しくなります。（松本）

ちょっとアレンジ

鮭のホイル焼き

きのこに鮭を加えれば、メインのおかずに。具材は1人分につき鮭1切れ（塩をふり30分置く）とお好みのきのこ。鮭のほか、さわらや鱈など白身魚がおすすめ。動物性たんぱく質にはレモンを添えて。

野菜で一品

ポテトサラダ

冷蔵庫で冷やさず ほんのり温かいうちに

じゃがいも料理は数あれど、ポテトサラダは家庭料理の王道の一つでしょう。じゃがいもの加熱には味濃く、ほっくり仕上がる〝蒸し〟がおすすめ。じゃがいもはつぶし切らないほうが、食感が愉しめます。また蒸してほっくりしたじゃがいもは、冷やすとそのほっくり感が損なわれます。冷蔵庫で冷やさず作り立てを食卓へ。

◉**材料**・作りやすい分量

じゃがいも …… 230g
にんじん …… 20g
きゅうり …… ½本
玉ねぎ …… 50g
ゆでブロッコリー、ゆでアスパラガス、
　クレソン …… 適宜
マヨネーズ …… 50g
塩・こしょう …… 適宜
〈成形用〉
5ミリ厚さの輪切りにした大根 …… 1枚

◉**作り方**

1 ¼にカットしたじゃがいもと、にんじんを火が通るまで蒸す。

2 きゅうりを薄く輪切りにし、2%の塩水（分量外）に30分漬け、しんなりするまでもみ、軽く水洗いしてから水気をしぼる。玉ねぎは粗みじんに切って塩もみし、さっと洗ってざるにあげて水気をきる。

3 蒸し上がった**1**のじゃがいもをボウルに入れて粗くつぶす。にんじんは粗みじんに切る。

4 **2**と**3**のにんじんをボウルに加え、マヨネーズで和える。好みでこしょうをふる。
＊粗挽きこしょうがおすすめ。

5 大根をセルクルで型抜きしておく。セルクルに**4**を詰めたら、大根をのせて押し出し、中身を器に盛る。好みでブロッコリーなどグリーン野菜をあしらう。

【カガクの目】

じゃがいもは加熱すると、含有するでんぷんのアルファ化によってほっくり感が味わえます。しかし冷蔵庫で冷やすと、せっかくアルファ化してふっくらしたでんぷんがベータ化し、元の生でんぷんへ逆戻り。ほんわかと温かいくらいが美味しいので、冷蔵保存した場合も、電子レンジでちょっと温めなおしてもよいほどです。（松本）

ちょっとアレンジ

コロッケ

右記作り方の要領で、きゅうりとマヨネーズを除いた材料を用いれば、コロッケの中身にも。後は通常のコロッケ同様に調理を。マヨネーズ1：醤油1で和えたソースを添えて。

野菜で一品

きんぴらごぼう2種

皮はむかず・さらさず、調理直前にカットする

ささがき派、千切り派と意見が分かれそうですが、料理屋は食べやすいささがきを提供する場合が多数。千切りは歯応えがあり、ささがきよりも日持ちします。どちらにしても大事なのはごぼうの皮はむかない、切ったら水にさらさず、すぐに調理することです。

◉**材料**・2人分

＊表示はすべて1種類分です。
ささがきも千切りも材料・分量とも同じです。

ごぼう…… 70g

にんじん…… 30g

A 〈煮汁〉 ＊すべて合わせておく。

- 醤油…… 40cc
- みりん・酒…… 各60cc
- 砂糖…… 大さじ1

ごま油…… 大さじ1

長ねぎ（青い部分）…… 2本

鷹の爪…… 1本

白ごま…… 大さじ1

◉**作り方**

1

ごぼうはたわしで表面をこすって洗う。

＊表面の汚れがとれるくらいでよい。

2

【ささがき】ごぼうを縦目に深さ5㎜くらいの筋を数本入れ、まわしながらささがきにする。にんじんも同様に。

＊にんじんも水洗いして皮はむかなくてよい。

＊重い包丁を使うと、ささがきしやすい。ピーラーを使ってもよい。

【千切り】5㎝長さにカットしたごぼうを粗めの千切りにする。にんじんも同様。

3

油をひいてよく熱したフライパンに、**2**のごぼうを入れる。中火で1〜1分半炒め、ごぼうの香りが立ち透明感がでてきたら**2**のにんじんを加え、さらに1分炒める。

4

A、長ねぎ、鷹の爪を入れ、強火にして煮詰める。煮汁がなくなったら白ごまを入れ、器に盛る。

＊長ねぎの青い部分を入れると甘みがでる。

＊鷹の爪のかわりに、最後に七味を加えてもよい。

【カガクの目】

昨今のごぼうはほとんどあくがなく、切ったら水にさらすのは思い込み。皮目の近くにある香り成分にこそ美味しさがあり、水溶性なので皮はたわしでこする程度に。切り終えたら、すぐに炒める段取りを。繊維にそって千切りすれば強い歯応えでさっぱり、ささがきなら繊維が切れて優しい歯応えになり、味が浸みやすくなります。（松本）

ちょっとアレンジ

野菜をセロリ・豚肉にかえて

セロリと豚ばら肉を使ったアレンジ。セロリ100gを1分半炒めて煮汁を入れ、煮汁が半分になったら豚ばら肉50gを入れ、煮汁がなくなるまで煮詰める。肉はひき肉でもよい。

野菜で一品

白菜ロール

白菜を焼くと水分が抜けて甘みアップ

漬物に鍋の具材にと大活躍の白菜は新鮮なものは生でもいただけ、火も通りやすく扱いやすい食材。でも生の白菜をそのまま調理する前に焼けば甘みがでて、もっと美味しくなります。昔ながらの白菜漬けは下準備で天日干ししましたが、原理はそれと同じです。

◉**材料**・2人分

鮭……75g×2本
白菜……3枚
春菊（ゆでたもの）……1株
A〈煮汁〉
　だし……300cc
　薄口醤油……20cc
　酒……10cc

◉**作り方**

1 鮭の両面に塩（分量外）をふり、30分おく。

2 白菜を200℃設定のオーブンでしんなりするまで焼く。さわってみて、表面が乾いているくらいを目安に。

＊フライパンで空焼きしてもよい。

3 **1**の鮭を霜降りし、表面が白っぽくなったら冷水にとり、水気をふく。

4 **3**を細長い棒状に切り、鮭の大きさに合わせて切った白菜の上にのせて、巻きすなどで巻きつける。さらにキッチンシートに包み、たこ糸で2～3ヵ所を縛る。

＊キッチンシートで包むと煮くずれ防止に。さらに、ところどころ切り込みを入れると、味が浸み込みやすくなる。

5 別の鍋に**4**とAを入れて火にかけ、沸騰したら弱火で5分煮る。器に盛り、食べやすい長さに切った春菊を添える。

【カガクの目】

白菜へのひと手間には3つの効果があります。まず白菜の水分が抜けてしなやかになって巻きやすくなること。次に成分が濃縮されて味濃くなること。そして適度に温められることで、白菜中の分解酵素が働きはじめ、甘みや旨みが作り出されて、味わいがいっそう強まるのです。効果の大きいひと手間ですね。(松本)

ちょっとアレンジ

鮭を鶏にかえて

鮭のかわりに、鶏むね肉80g×2本を芯にしても。作り方は右記の要領で。

第3章

やっぱり、ごはんもの・汁もの

米を主食としてきた日本人にとって、
ごはんは食事の原点。
どうすればもっと
美味しくできるかな？
と考えながら
炊き込みごはんやお寿司、
丼といったごはんメニュー、
さらにごはんの相棒・
汁ものを作りましょう。

ごはんもの

炊き込みごはん3種

具からだしが出るから
だし汁は使いません

それぞれの具を加えるタイミングは具材の火の通りに合わせて、最初・途中・最後の3通り。仕上げに季節の香味野菜を散らせば、香りもごちそうに。

さつまいもごはん

具は最初・途中・最後の3段階

◉材料・2～3人分

さつまいも …… 150g
豚ばら肉（薄切り）…… 100g
わけぎ …… 適宜
米 …… 2合
A 水 …… 300cc
　薄口醤油・酒 …… 各30cc
黒こしょう …… 適宜

◉作り方

1 米は洗って水（分量外）に15分浸し、ざるにあげて15分おく。

2 さつまいもはひと口大に切って水にさらし、水気をきる。豚肉は2㎝幅に切り、熱湯で霜降りして冷水にとり、水気をふく。わけぎは小口切りにし、さっと洗って水気をきる。

3 土鍋に米とAを入れ、さつまいもをのせる。蓋をして強火で7分、沸騰したら噴きこぼれない火加減で7分、途中、**2**の豚肉を入れて弱火で7分。水分が飛んで米肌がみえてきたら、ごく弱火で5分炊く。

4 炊き上がったら**2**のわけぎを加え、蓋をして5分蒸らし、全体をほぐす。

＊固く絞ったぬれふきんをかけておくとよい。

5 器に盛り、黒こしょうをふる。

具は途中で
鯛めし

◉材料・2～3人分

鯛……柵160g
みつば……1/2束
米……2合
A　水……300cc
　　薄口醤油・酒……各30cc

◉作り方

1 米は洗って水（分量外）に15分浸し、ざるにあげて15分おく。

2 鯛は薄切りにし、両面に塩（分量外）をして20分おく。みつばはさっと洗って水気を切り、3cm長さに切る。
＊薄切りの鯛は身がくずれやすいので、霜降りしない。

3 土鍋に米とAを入れ、右記の要領で炊く。途中米肌がみえてきたら、**2**の鯛を入れる。

4 炊き上がったら**2**のみつばを加え、蓋をして5分蒸らし、全体をほぐす。

じゃこごはん

鯛めし

具は最後に
じゃこごはん

◉材料・2～3人分

じゃこ……30g
ゆかり……適宜
米……2合
A　水……300cc
　　薄口醤油・酒……各30cc

◉作り方

1 米は洗って水（分量外）に15分浸し、ざるにあげて15分おく。

2 土鍋に米とAを入れ、右記の要領で炊く。

3 炊き上がったら、じゃことゆかりを加え、蓋をして5分蒸らし、全体をほぐす。

ごはんもの

グリーンピースごはん

冷凍や缶詰加工で一年中手に入るグリーンピースですが、味も栄養価も優れた旬の3〜6月頃は格別。ぜひさやつきで、できれば露地ものを使ってください。ポイントは調理直前にさやをむくこと。ちょっとの手間で美味しくできます。

さやつきを入手し、調理直前にむくとよい

◉材料・2〜3人分

グリーンピース …… 100g（正味）

＊むき実にすると、総量の約1/3になる。

米 …… 2合

油揚げ …… 1枚

A 水 …… 300cc
　醤油・酒 …… 各大さじ2

◉作り方

1 米は洗って水（分量外）に15分浸し、ざるにあげて15分おく。

2 グリーンピースをさやから出し、水をはったボウルに入れる。
＊皮の乾きがはやいグリーンピースはなるべく空気に触れないよう、さやから出したそばからすぐに水に放すこと。

3 油揚げは米粒くらいの大きさになるまで、フードプロセッサーで細かくする。
＊大きさをそろえると食感もよくなり、食べやすくなる。

4 土鍋に米とAを入れ、**2**と**3**を加えて炊く。蓋をして強火で7分、沸騰したら噴きこぼれない火加減で7分、弱火で7分。水分が飛んで米肌がみえてきたら、ごく弱火で5分炊く。

5 炊き上がったら5分蒸らし、全体をほぐす。
＊固く絞ったぬれふきんをかけておくとよい

ごはんもの

空豆ごはん

空豆のグリーンとうっすら赤みを帯びた海老が映えるひと品。海老は冷凍もので十分ですが、霜降りして臭みを除きましょう。空豆もグリーンピース同様、入手するならさやつきを。そして豆類はさやから取り出すと風味が落ちるので出すのも調理直前に。空豆と海老は炊く途中に入れると、ちょうどよい具合になります。

◉材料・2〜3人分

空豆……20粒
海老……6尾
しょうが（千切り）……適宜
米……2合
A　水……300cc
　　薄口醤油・酒……各30cc

具材の火の通りに合わせて途中で入れる

◉作り方

1 米は洗って水（分量外）に15分浸し、ざるにあげて15分おく。

2 空豆はさやから出して皮をむく。海老は殻を外し、包丁で粗めにたたく。
＊空豆は皮ごとゆでるとあくが出て、色が悪くなる。

3 海老を80℃で霜降りし、白っぽくなったら冷水にとり、水気をふく。
＊海老が固まらないよう、菜箸3〜4本または泡立て器で手早くかき混ぜながら行なう。

4 土鍋に米とAを入れ、蓋をして強火で7分、沸騰したら噴きこぼれない火加減で7分、弱火で7分炊く。

5 途中、蓋を開けて水分が飛んで米肌がみえてきたら、**1**と**3**をのせ、蓋をしてごく弱火で5分炊く。炊き上がったら5分蒸らして全体をほぐし、お好みでしょうがを散らす。

ごはんもの

ちらし寿司

合わせ酢と薬味があれば 寿司飯はかんたん

合わせ酢があれば少量の寿司飯も手早くかんたん。ごはん1合分(炊き上がり300g)なら合わせ酢大さじ2・5(2合なら大さじ5)を加えます。具は赤・黄・茶・緑・黒の5色をそろえると、彩りも美しく栄養価も上がります。

◉**材料**・作りやすい分量(4〜5人分)

米……3合
水……500cc
A 〈合わせ酢〉
*下記の作り置き用・合わせ酢なら大さじ7。
酢……大さじ4弱
砂糖……大さじ5
塩……大さじ1
B 〈薬味〉
しょうが(みじん切り)……1かけ(40g)
大葉(みじん切り)……10枚
白ごま……大さじ2
鰻の蒲焼き……1串
いくら……大さじ4
菜の花……1束
もみのり……適量
卵焼き(下記のレシピの½を使用)
卵……3個
はんぺん……100g
はちみつ……大さじ3
薄力粉……大さじ2
薄口醤油……大さじ½
サラダ油……適宜

《作り置き用・合わせ酢の作り方》
酢……180cc
砂糖……120g
塩……50g
材料を鍋に入れて弱火にかけ、砂糖と塩が溶けたら火を止める。冷ましてから保存容器に移す。冷蔵保存1ヵ月が目安。

◉作り方

1 米は洗って水（分量外）に15分浸し、ざるにあげて15分おく。水を加えて土鍋または炊飯器で炊く。
＊合わせ酢が加わるので、寿司飯用はそのぶん固めに炊く。
＊土鍋ごはんの炊き方はP6・7参照。

2 フードプロセッサーではんぺんをペースト状にし、はちみつ・薄力粉・薄口醤油を加え、よく混ざったら割りほぐした卵を入れて軽く混ぜ合わせる。油をひいて熱した卵焼き器に卵液を1cm厚さに流し、弱火で3〜5分カステラ状に両面焼いて冷ましておく。
＊フードプロセッサーのかわりに、すり鉢を用いてもよい。
＊卵焼きは作りやすい分量になっているので、残りはおかずとしてどうぞ。

3 鰻と**2**の卵焼きは1cm幅の短冊切りに、軸を切った菜の花は塩ゆでしてから半分に切る。Aを混ぜ合わせておく。
＊鰻のかわりに、さんまの蒲焼き缶詰を利用しても美味。

4 **1**が炊き上がったらボウルに移し、A、Bの順で加え、切るように混ぜる。
＊ボウルの寿司飯は縁に広げるようにすれば、余分な熱と水分が飛ぶ。

5 器に**4**を盛り、鰻と卵焼き、菜の花、いくら、もみのりをバランスよく盛る。
＊お好みで山椒を添えると、季節感アップ。夏は大葉、秋冬は柚子の皮がおすすめ。

応用

太巻き寿司

太巻き寿司も
のりの黒を含めて
彩りを5色にすると
きれいな仕上がりに。

◉材料・1本分

寿司飯……300g
鰻の蒲焼き……100g
きゅうり……½本
A　水……300cc
　　塩……小さじ1
　　昆布……5cm角1枚
海老……3尾
卵焼き……P86のレシピで作ったもの適宜
のり……1枚

◉作り方

1. きゅうりは縦に4つ割りし、Aに漬けて1時間おき、水気をきる。
2. 海老は背わたを抜き、曲がらないよう中心に竹串を刺して塩ゆでし、殻をむく。鰻と卵焼きは1cm角の棒状に切る。
3. 巻きすにのりを置き、寿司飯をのせ、手前5mm・向こう側1cmくらいを残して広げる。
4. 具を手前側にやや重なり気味に並べ、巻きすごと立ち上げて指で具を押さえながら巻き込む。
5. 巻き終えたら輪ゴムで固定し、15分置く。
6. ぬれぶきんで包丁をふきながら、左端から幅2・5cmくらいに切り、器に盛る。

ごはんもの

いなり寿司

油揚げは米の研ぎ汁で下ゆでする

油揚げの油抜きに熱湯処理は一般的ですが、米の研ぎ汁で煮ると、もっと油が抜けて上品な味わいに。煮含めた油揚げは冷凍保存できるので、多めに作っておくと重宝します。合わせる寿司飯は、砂糖なしでちょうどよいバランス。あらかじめ調味料を入れて米を炊けば、時間短縮にもなります。

◉**材料**・作りやすい分量（10個分）

油揚げ …… 5枚
米の研ぎ汁 …… 適宜
A 〈煮汁〉
　水 …… 400cc
　みりん …… 50cc
　醤油・薄口醤油 …… 各30cc
　黒砂糖 …… 30g
寿司飯 …… 2合分
みつば（ゆでたもの）…… 適宜

《いなり寿司の寿司飯の作り方》
米2合を洗って15分浸し、ざるにあげて15分おく。水350cc・酢30cc・塩小さじ1で炊き、バットに広げて冷ます。

◉**作り方**

1 油揚げを麺棒などでたたき、湯を沸かした鍋に入れ、さっと湯がいて油を抜く。
＊油揚げをほぐすことで、袋が開きやすくなる。

2 別の鍋に米の研ぎ汁と**1**の油揚げを入れて落とし蓋をして火にかけ、沸騰したら中火で5分煮る。

3 **2**を水にとり、破けないようもみ洗いする。
＊ぬか臭さをとるためもみ洗いすると同時に、袋が開きやすくなる。

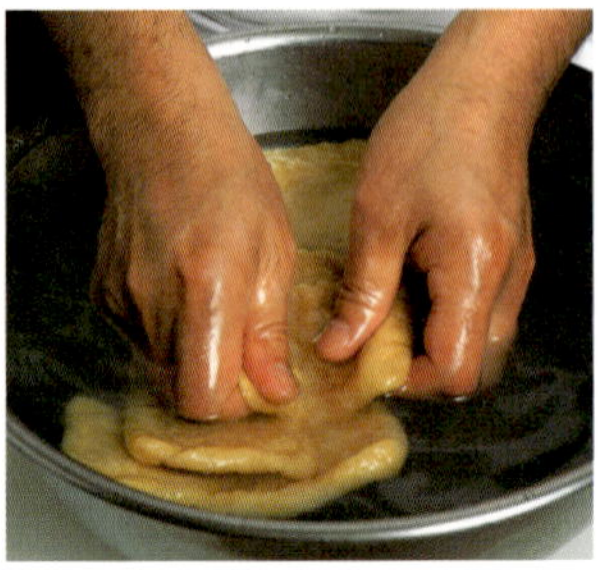

4 別の鍋に半分に切った**3**とAを入れ、落とし蓋をして中火で20分煮る。

5 汁が少し残るくらいまで煮含めたら、ざるにあげ、水気をきる。

6 **5**に寿司飯を詰めて、みつばで結ぶ。
＊油揚げを半分裏返し、寿司飯を手の平で軽くにぎってから詰めるとよい。

【カガクの目】

米の研ぎ汁には米ぬかの成分（ビタミンB1・B2、脂質、でんぷん質）が溶け出しています。野菜のあく抜きや植木の水やりなどに再利用される方も多いでしょう。油を水の中に分散させる働きがあるので、余分な油分が抜けるのです。油揚げに味を染み込ませるには、油のコーティングをとることが大事になります。（松本）

ちょっとアレンジ

そばいなり

油揚げ（2枚分＝4袋）に、ゆでそば（乾麺の状態で80g）を入れた一品。そばは詰める前にたれ（だし大さじ3・醤油とみりん各大さじ1を煮詰めて冷ましたもの）を絡ませ、下味をつける。半分に裏返した油揚げに詰め、紅しょうがと細切りにしたわけぎをのせて。

ごはんもの

親子丼

つゆだく厳禁、火の入れ過ぎ注意

口の中でごはんと具・つゆが混ざり合うところに味わいのある親子丼。ごはんがつゆに浸ってしまうと食感も風味も損なわれがちです。そこで野崎流は具を煮絡め、つゆ少な目のとろみをつけた、あんかけ仕上げです。卵と肉の加減をみて、一歩手前で火を止めるのがコツ。

●材料・2人分

鶏もも肉 …… 200g
玉ねぎ …… ½個
しいたけ …… 2枚
卵 …… 2個
みつば …… 5本
A 〈煮汁〉
　醤油・みりん …… 各大さじ2
　水 …… 180cc
B 〈水溶き片栗粉〉
　水 …… 大さじ2
　片栗粉 …… 小さじ2
ごはん …… 400g

◉作り方

1 玉ねぎは2㎝厚さのくし形に、しいたけは軸を切って縦¼に、鶏肉はひと口大にそれぞれ切る。

2 **1**の野菜、鶏肉の順に同じ鍋で霜降りする。鶏肉は冷水にとり、水気をふく。

3 別の鍋に鶏肉とAを入れて火にかけ、沸騰したら中火で1分煮る。鶏肉を取り出して**2**の野菜を加え、火が通るまで煮る。

4 全体に火が通ったら鶏肉を鍋に戻し、煮立ったらBを回し入れてとろみをつける。続けて溶きほぐした卵を2〜3回に分けて回し入れ、食べやすい長さに切ったみつばを入れたら蓋をして、火を止める。

＊余熱で卵は半熟状態に。

5 ごはんを器に盛り、**4**をかける。

応用

牛丼

水あめの甘さはくどくなく、牛肉や野菜の風味も生かされます。

◉材料・2人分

牛スライス肉……150ｇ
玉ねぎ……½個
白滝……100ｇ
A 醤油・酒……各30cc
　水……150cc
粉山椒……小さじ½
水あめ……30ｇ
ごはん……400ｇ
紅しょうが……適宜

◉作り方

1 玉ねぎは2㎝厚さのくし形に、白滝は5㎝長さに切り、鍋に水（分量外）とともに入れ、沸騰したら2分ゆで、ざるにあげる。
＊鍋の湯はとっておく。

2 **1**の鍋を沸騰させ、10㎝長さに切った牛肉を霜降りし、白っぽくなったら水にとり軽く洗って水気をふく。
＊牛肉は次の行程で煮ていくので、固くならないよう霜降りは短く。

3 別の鍋に**1**とAを入れて火にかけ、沸騰したら中火にし、玉ねぎがやわらかくなったら牛肉を入れ、粉山椒と水あめを加え、味を絡めてから火を止める。
＊水あめは粘り気があるので素材に味が絡みやすく、つやも出る。

4 ごはんを器に盛り、**3**をかける。お好みで紅しょうがを添える。

汁もの

豚ばら粕汁

豆乳をだしにして美味しい相乗効果

日本酒が作られる過程で、圧搾後に残ったものが酒粕。これを利用したのが粕汁ですが、万人に好まれるよう豆乳や豚ばら肉を加え、まろやか仕立てにしてみました。具だくさんですから、大きめのお椀にたっぷり入れて召し上がれ。豆乳は無調整でも調整でもお好みで。

◉材料・作りやすい分量（3〜4人分）

豚ばら肉……150g
大根……170g
にんじん……100g
ごぼう……100g
しいたけ……4枚
こんにゃく……130g（2/3枚）
長ねぎ……1本
A 水……900cc
　昆布……10㎝角1枚
B 豆乳……300cc
　酒粕……200g
　味噌……130g

◉作り方

1 大根とにんじんはひと口大の乱切り、ごぼうは5㎜幅の小口切り、しいたけは軸を切って4等分、こんにゃくはスプーンでひと口大にちぎる。鍋に湯を沸かし、大根・にんじん・こんにゃくを3分ゆで、最後にしいたけを入れてざるにあげる。
*鍋の湯はとっておく。

2 1の鍋を沸騰させ、4㎝長さに切った豚肉を霜降りし、白っぽくなったら冷水にとって水気をふく。

3 別の鍋に1とAと入れて火にかけ、沸騰したら火を弱めて10分煮る。

4 野菜に七分火が通ったらBを加え、弱火で5分煮る。
*写真のようにざるを利用するとよい。

5 2の豚肉と小口切りにした長ねぎを加え、ひと煮たちさせて器に盛る。

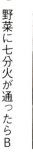

【カガクの目】

まろやかな味で栄養価に富み、血圧降下や抗ガン作用も認められている酒粕。豆乳はグルタミン酸やアスパラギン酸など旨みと甘みをもつアミノ酸を多く含む上に、豚肉のイノシン酸との相乗効果で旨みがいっそう強まり、よいだしになります。豚ばら肉は疲労回復のビタミンB1が多く、脂は汁にコクを与え美味しさを高めます。（松本）

ちょっとアレンジ

豚ばらを鮭にかえて

鮭を使えば定番の粕汁に。鮭2切れはひと口大に切り、霜降りの処理を。下処理した鮭は野菜とともに鍋に入れ、右記作り方の要領でどうぞ。

汁もの

はまぐりの潮汁

殻ごと水から火にかけて
旨みをじわじわ抽出

潮汁とは水から煮て魚介の旨みを抽出した汁を指します。素材があさりや鯛でも潮汁といい、筆頭格ははまぐり。手に入れたら、最初に貝を合わせて、その音に耳をすませてください。カチカチと透き通った音ならOK。貝が元気な証拠です。

◉**材料**・2人分

はまぐり（塩抜きしたもの）…… 4個
水 …… 300cc
昆布 …… 5cm角1枚
酒 …… 小さじ1
塩 …… 1g
わかめ …… 30g
長ねぎ（千切り）…… 4cm長さ
うど（短冊切り）…… 5cm長さ
木の芽 …… 適宜

◉**作り方**

1 はまぐり同士を合わせたたいて音を確認する。
＊鈍い音がすると死んでいるので、使用しないこと。

2 はまぐりを水（分量外）でこすり洗いする。

3 新しい水（分量外）に3分浸して水気をきる。

4 鍋にはまぐり・水・昆布を入れて火にかけひと煮立ちし、はまぐりの口が開いたら昆布を取り出し、あくをすくってから酒と塩で味を整える。

5 食べやすい大きさに切ったわかめを**4**に加え、さっと湯がいたら椀に盛り、長ねぎ・うど・木の芽を添える。

【カガクの目】

少量の塩分濃度で魚介の旨み成分（主にコハク酸）を引き立たせ、香りを味わう潮汁。たんぱく質は65℃以上で凝固するので、高温で加熱すると、貝の身が凝縮して旨みが抽出されません。そこで常温から徐々に温度を上げるのです。はまぐりの旨みや香りを溶出させるには、40〜60℃の温度帯を通過する時間が長いほどよくなります。（成瀬）

ちょっとアレンジ

あさりの味噌汁

殻付きあさり（200g・塩抜きしたもの）を右記作り方**2**・**3**の要領で下準備し、水250ccと昆布5㎝角1枚とともに火にかける。あさりの口が開いたら味噌15gを溶き入れ、カットしたみつばを添えて。

汁もの

麺つゆ

冷たい麺つゆは濃いだしで

麺料理は〝つゆ〟こそ、ごちそうです。昆布とかつお節を用いて最初に抽出する一番だしは、汁そのものを味わうお吸い物向き。冷たい麺のつけ汁＝麺つゆには醤油に打ち勝つだしが必要なので、その5倍濃くするとバランスよい麺つゆのベースとなります。

◉材料・作りやすい分量

干ししいたけ …… 大2枚
煮干し・昆布・削り節 …… 各10g
水 …… 500cc
醤油・みりん …… 各100cc

ゆでそうめん …… 適宜
ゆで海老・焼き茄子・ゆでおくら・ゆでほうれん草 …… 適宜
薬味（刻んだみょうが・しょうが・大葉、貝割れ菜）……適宜

◉作り方

1 ボウルに干ししいたけ・煮干し・昆布を入れ、水を注ぎラップをして一晩おく。
＊夏場は冷蔵庫で保管を。
＊煮干しは頭とはらわたを除くと、より上品な味わいに仕上がる。

2 **1**を鍋に移して火にかけ、沸騰したら弱火で2分煮出す。

3 **2**を漉し、煮汁を鍋に戻したら醤油とみりんを加えて、再び火にかける。

4 沸騰したら削り節を加え、弱火で1分煮て火を止める。

5 **4**を漉し、冷ます。
＊煮出した干ししいたけを薄切りにしてつけておくと、なおよい。煮干しや昆布も別の料理等で再利用を。

6 冷やした**5**をそうめんや好みのトッピングとともに供する。

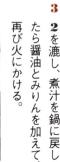

【カガクの目】

表面がなめらかなそうめんは、つゆが浸透しにくいため濃く仕上げます。和食の基本だしは、昆布（グルタミン酸）とかつお節（イノシン酸）で旨み成分を抽出し、相乗効果で美味しさアップ。また同時に抽出される香りも美味しさに大きく関与。干ししいたけ（グアニル酸）や煮干し（イノシン酸）を加えれば、さらに深みも加わります。（成瀬）

ちょっとアレンジ

干し海鮮で濃いだし

干ししいたけ・煮干しのかわりに干し貝柱と干し海老を各25g使えば、また異なる味わいの濃いだしの麺つゆが完成。プロセスは右記作り方と同様に。

第4章

季節の愉しみ、行事のこころ

時節や行事にまつわる料理。
それは無病息災や五穀豊穣への祈りであり、
四季の風情を愉しむ日本人の知恵と感性。
なぜその料理が生まれ、
いただくのか思いを馳せつつ作り、
そしてどうぞ話題にしながら
召し上がってください。

暦

元旦

1月1日

新しい年の出発点である元日は、昔も今も日本人にとって特別な祝日。神社にお詣りに行き、家族そろって祝い膳を囲む。住まいを整えて、清々しい気持ちで迎えたいものですね。

数多く用意せずとも3品の少数精鋭で十分

おせち3品

おせちというと、重箱入りの豪華なイメージが定着していますが、本来は祝い肴とされる田作り・数の子・黒豆（西はたたきごぼう）がそろえば、お正月が迎えられました。黒豆は時間がかかるので、人気の高い伊達巻きを。手作りが少しあるだけで、気持ちがぐんと豊かになりますよ。

数の子

◉**材料**・作りやすい分量

数の子（塩蔵）…… 5切れ
大根のおろし汁 …… 適宜
A 〈だし醤油〉
＊すべて合わせておく。
醤油・みりん …… 各40cc
削り節 …… 15g
水 …… 200cc

◉**作り方**

1 数の子を大根のおろし汁と同量の水（分量外）で割った汁に1時間浸し、汁を捨てたらさっと水洗いし、1％の塩水（分量外）に入れ、30分おいて塩水を捨てる。塩水を取り替えながら4回繰り返し、少し塩気が残るくらいに塩抜きをする。
＊1％の塩水で雑味の少ない味わいに。

2 鍋にAを入れて中火にかけ、煮立ったら弱火で1分煮出し、ざるで漉す。**1**を入れて1時間ほど浸ける。

田作り

◉**材料**・作りやすい分量

ごまめ（片口いわし）…… 30g
A 〈煮汁〉
酒 …… 70cc
みりん …… 30cc
醤油 …… 10cc
砂糖 …… 30g
水あめ …… 大さじ1

◉**作り方**

1 ごまめを耐熱皿に入れて、ラップをせずに電子レンジ500Wで2分半かける。

2 鍋にAを入れて強火にかけ、泡立ったら**1**を加えかき混ぜる。仕上げに水あめを入れてよく混ぜ、照りを出す。

伊達巻き

＊P86－87「ちらし寿司」の卵焼きと同じレシピです。

◉**材料**・作りやすい分量

卵 …… 3個
はんぺん …… 100g
A はちみつ …… 大さじ3
薄口醤油 …… 大さじ½
薄力粉 …… 大さじ2
サラダ油 …… 適宜

◉**作り方**

1 はんぺんをフードプロセッサーにかけ、ペースト状になったらAを加え、なめらかな状態に撹はんする。

2 全体が混ざったら、割りほぐしておいた卵を入れて、よく混ぜ合わせる。

3 油をひいた卵焼き器に**2**を1cm厚さ分流し、アルミホイルをかぶせて弱火で7分、返して5分、カステラ状に焼く。

4 熱いうちに巻きすで巻いて、冷ましてから切る。

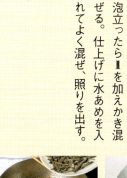

暦

七草

1月7日

1月7日は、「人日《じんじつ》の節句」と呼ばれる五節句のひとつ。中国の風習をもとに江戸時代に日本に広まった七草かゆは、正月で疲れた胃腸を休めるのにも最適です。

生米から40分、蓋をせず、かき混ぜず

七草かゆ

せり、なずな、ごぎょう、はこべら、仏の座、すずな、すずしろ。こんなふうにリズムにのせて、七草を覚えたものですね。七草すべてそろえなくても、すずな（かぶ）・すずしろ（大根）・せりの3種で十分。かぶや大根の葉を使ってもいいでしょう。

◉材料・作りやすい分量

米……½合
水……500cc
大根……80g
かぶ……1個
せり……½束
塩……小さじ½

◉作り方

1 米をさっと洗って、水（分量外）に15分浸し、ざるにあげて15分おく。

＊指先で優しく混ぜる程度の洗米でよい。

2 大根は千切りに、かぶは薄いくし形に、せりは3㎝長さに切る。

3 鍋に**2**の米と水を入れて火にかける。沸騰したら弱火で20分炊く。この時、蓋はせず、かき混ぜないこと。

＊常に90℃以上、鍋の中がコトコト沸いている状態に維持させるのがふっくら仕上がるコツ。

4 大根と塩を加えて10分炊いたら、かぶを加える。

5 さらに10分炊いたらせりを加え、せりに火が通ったら火を止め、蓋をして5分蒸らす。

ちょっとアレンジ

残りごはんを使って

手軽に残りごはんを使っても。ごはん150gと水200ccに塩ひとつまみを鍋に入れて火にかけ、沸騰したら水溶き片栗粉（片栗粉と水を大さじ1ずつ溶いておく）を入れて、とろみがついたらできあがり。

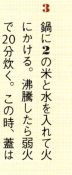

暦

春分

3月21日頃
～4月4日頃

太陽が真東から昇り、真西に沈む。昼夜の長さが同じになる春分は、自然をたたえ、生命を慈しむ日といわれています。春の彼岸に供えるぼたもちは、小豆の粒を春に咲く牡丹に見立てたことが由来です。

1度ゆでこぼしてから小豆を冷水にとる

ぼたもち

お彼岸には、ぼたもち。春は牡丹餅、秋はお萩といいますね。紹介レシピのあんは小豆の風合いが残り、あっさりした甘みで男性もお気に召すはず。一気に煮ず、下ゆでして冷水に放すのがコツ。あんはビニール袋に入れて半年冷凍保存できるので、多めの分量です。

あん

◉材料・約1kg分

小豆……300g

砂糖（またはざらめ）……300g

水……1500cc

塩……ひとつまみ

水あめ……大さじ3

◉作り方

1 小豆は水（分量外）に浸し、浮いたものや虫食いのあるものを外す。

2 鍋に小豆と水900cc（小豆の3倍・分量外）を入れて火にかけ、沸騰したらざるにあげ、冷水に浸す。

3 さっと洗った2の鍋に小豆と水を入れて火にかけ、沸騰したら中火弱で、途中あくをとりながら、45分ゆでる。

4 小豆が指でつぶれるくらいになったら砂糖をまず100g加える。5分煮たら、さらに100g加え、煮汁が減ったら残り100gを足す。焦げやすくなるので、しゃもじで練りながら煮てゆく。

*一気に砂糖を加えると、浸透圧により豆が固くなる。

*ざらめを使うと、よりこくが加わる。

5 煮詰まったら水あめを加えてよく練り、塩を加えて仕上げる。

*水あめを加えるとつやが出る。

ぼたもち

◉材料・約12個分

もち米・米……各100g

水……220cc

砂糖……大さじ2

塩……ひとつまみ

上記のあん……適宜

◉作り方

1 もち米と米を合わせてさっと洗って水（分量外）に15分浸し、ざるにあげて15分おく。

2 炊飯器の早炊モードで水を加えて1を炊く。炊き上がりに砂糖と塩を加えてよく混ぜ、こねる。

*砂糖は保水性があり、加えるとごはんが固くなりにくい。

3 2を12等分にして俵状にむすび、ラップに広げたあんにのせ、包んで仕上げる。

*ラップの代わりにポリエチレン手袋をはめれば、より作業しやすい。

*ごはん40gにあん50gが目安。

暦

大暑

7月23日頃
〜8月7日頃

夏の土用もこの頃で、いよいよ本格的な夏の到来です。晴天が続き暑さが厳しくなる季節は、きゅうり、枝豆、すいかなどさっぱりした味が恋しくなりますね。

干物を使えば、だしいらずで、かんたん

冷や汁

きゅうりは主成分の90%が水分。身体をクールダウンさせることでも知られています。暑気払いには、そんなきゅうりを用いた料理を。宮崎の郷土料理・冷や汁は、あじを入れて温かいごはんや麦飯にかけるそう。福島では、えごま入りの冷や汁をうどんで食します。冷やごはんにも合いますよ。

◉材料・作りやすい分量

きゅうり……1本
かますの干物……1尾
豆腐……1/4丁
ごま……大さじ3
大葉……5枚
A〈かけ汁〉
水……300cc
味噌……30g
ゆでうどん……適宜

◉作り方

1 Aの味噌を水でよく溶き、冷蔵庫で冷やしておく。

2 かますを焼き、身をほぐす。

3 きゅうりは小口切りにし、1.5%の塩水(分量外)に15分漬けたら、よくもみ込み、軽く水洗いして、しっかり絞っておく。
＊1.5%の塩水は水1ℓ：塩大さじ1＝200cc：3g(小さじ1弱)と覚えておくと便利。

4 豆腐は手で崩す。

5 すりばちにごまを入れ、半ずりにして1のかけ汁、2・3・4の具材を入れ、手でちぎった大葉を散らす。うどんにかけて召し上がれ。

ちょっとアレンジ

身近な野菜や魚にかえて

きゅうりのかわりにみょうがや大根を使ってもさっぱりとして美味。また、干物はあじ・鮭・鯖など身近にあるものでOK。残った味噌汁を利用してもよい。

暦

秋分

9月23日頃
〜10月7日頃

肌に触れる風が冷たくなり、田んぼでは稲刈りがはじまる頃。秋分の日をはさむ秋の彼岸は、祖先を敬い、生きる知恵を与えてくれた先人たちに感謝する日として大切にされてきました。

冷めても固くならない
その秘密は塩水がけ

萩おこわ

海老と枝豆で萩の花に見立てました。枝豆は未熟なうちに収穫した大豆で、本当の旬は秋。おこわの持ち味と言えば、もちもちとした食感。冷めると固く食べにくくなりますが、蒸す途中で塩水をかけると、冷めても固くならないおこわのできあがり。

◉**材料**・作りやすい分量

もち米……3合
海老……10本（約100g）
枝豆（ゆでてさやから外したもの）……50g

A〈海老用〉
酒……大さじ1
水……大さじ2
塩……ひとつまみ

B〈5%の塩水〉
水……100cc
塩……小さじ1

◉**作り方**

1 もち米はさっと洗って水（分量外）に浸し、3時間以上おいて水気をきる。

2 蒸し器に入る大きさの網付きバット（または平ざる）にガーゼを敷いて**1**を広げ、指で蒸気の通り道になる溝を作り、蒸気の上がった蒸し器に入れ、中火で30分蒸す。

3 小鍋に細かく刻んだ海老とAを入れて火にかけ、水気が飛ぶまで中火で軽く炒る。
*酒だけで炒ると海老の身が締まりすぎるので、水を加える。

4 **2**をボウルに移し、Bをかけて混ぜてからバットに戻し、5分蒸す。

5 **3**と枝豆を入れてさらに5分蒸す。

応用

赤飯

おめでたい席に欠かせない赤飯も家庭で作れば美味しさもひとしお。

◉**材料**・作りやすい分量

もち米……3合
小豆……40g
水……適量（作り方に明記）
塩水……水100ccと塩小さじ1

◉**作り方**

1 鍋に小豆と水300ccを入れ、ひと煮たちさせたらざるにあげて、冷水にとる。これをもう一度繰り返し、水気をきる。

2 鍋に水600ccと**1**を入れ火にかけ、煮立ったら弱火で40～50分ゆでる。ざるにあげ、ゆで汁はとっておく。

3 もち米を**2**のゆで汁に3時間以上浸し、上記の要領で30分蒸したら**2**の小豆をのせ、塩水をかけ5分蒸す。

暦

冬至

12月22日頃
〜1月5日頃

「日短きこと至《きわま》る」という意味を持ち、一年で最も日照時間が短い日。南瓜や小豆を食べ、柚子湯に入る。体を温めて無病息災を祈う習わしが今も生きています。

南瓜のホットサラダ

南瓜が苦手な方にも
しょうがとナッツで

今とは違い、冬の作物が限られている時代がありました。冬至に食べると風邪をひかないと伝わるのも、栄養のある南瓜を冬まで保存して食べようという、昔の人の知恵のひとつですね。甘辛の煮付けが一般的ですが、ちょっとひねりを入れて温サラダ感覚でどうぞ。

◉材料・作りやすい分量

南瓜……300g
A〈煮汁〉
水・酒……各70cc
砂糖・みりん・薄口醤油……各大さじ1
カシューナッツ(ロースト)……50g
しょうが(薄切り)……20g

◉作り方

1 南瓜は1切れあたり15〜20g に切り、皮の凸凹を整える程度にむいて面取りする。

2 鍋に皮目を下にして南瓜を入れ、Aを加えて落とし蓋をして火にかけ、沸騰したら中火で煮る。
＊火の通りにくい皮目を鍋底に当てるとムラなく煮える。

3 すり鉢にカシューナッツを入れ、すりこぎで半つぶしにする。
＊ビニール袋やラップに包んで叩きつぶしてもよい。

4 南瓜が八分ほど煮えたら3としょうがを加え、煮汁の泡が大きくなったら火を止めて、器に盛る。

おわりに

一生懸命作ったのに、写真のように上手にできなかった…。もし初めて作ってみてうまくいかなくても、どうかあきらめないでください。そして、なぜ失敗したのか〝考えて〟再度挑戦してください。昨今は何事も失敗してはいけない風潮が強いのですが、失敗しないと覚えられませんし、身につきません。失敗は次のステップにつながるもの。それがいつしか、あなたの得意料理になるかもしれません。

毎日の食事は生きていくため必要な手段です。口のなかに食べ物が入る、つまり命の入口。よいものを命の糧にしてください。それは、何もお金をかけたもの・高級なものをいうのではありません。季節の野菜や新鮮な肉や魚介を使った、できたての家庭料理。それこそが〝よいもの〟だと思います。

「分とく山」野﨑洋光

＊本書はUCカード・セゾンカード会員誌『てんとう虫／express』連載「考える和食」（2011年9月号～2013年7／8月合併号）・「続・考える和食」（2013年9月号～2015年7／8月合併号）・「カガクする食卓」（2015年9月号～2018年7／8月合併号）を再構成・再編集したものです。

野崎洋光

のざき・ひろみつ

1953年福島県生まれ。武蔵野栄養専門学校卒業。89年に「分とく山」を開店し、現在4店舗の総料理長として統括。旬と素材本来の美味しさを大切にした日本料理を提供する。また家庭料理の重要性を提唱し、家庭で気軽に作れる料理をテレビ・雑誌・講演・動画などで発信。従来の考え方にとらわれない、今の時代にあった調理法など、その料理哲学にファンも多い。著書多数。

「分とく山」　東京都港区南麻布5-1-5
☎03-5789-3838（日曜・月1回月曜休）
17：00～21：00（ラストオーダー）
https://waketoku.com/

Staff

料理製作　野﨑洋光（「分とく山」総料理長）
第2・3章 科学解説　成瀬宇平（鎌倉女子大学名誉教授・故人）
松本仲子（女子栄養大学名誉教授）
撮影　山口卓也
デザイン　GRID
編集協力　株式会社アダック

「分とく山」野﨑洋光
なぜ？ からはじめる　かんたん和食

発行日　2018年9月10日

著　者　野﨑洋光
編集長　大木淳夫
編　集　政田智佳子

発行人　木本敬巳
発行・発売　ぴあ株式会社
〒150-0011　東京都渋谷区東1-2-20
渋谷ファーストタワー
編集　☎03（5774）5262
販売　☎03（5774）5248

印刷・製本　凸版印刷株式会社

ISBN 978-4-8356-3885-0